最強の教養 不確実性超入門

田渕直也

Discover

はじめに　不確実性との向き合い方が人生の長期的成功を決める

不確実性ほど、**「決定的に重要でありながら、驚くほどに理解されていない」というものはそうはない。**

不確実性とは、将来のデキゴトには「予測ができない」性質が備わっていることを示す言葉だ。この不確実性が、さまざまなリスクを生み出すもととなる。

「不確実性」や「リスク」というと、何やら専門的で他人事のように聞こえるかもしれない。あるいは、「リスクを管理しろということなら、そのぐらいのことはもうわかっている」という人もいることだろう。

だが、不確実性というものは、人が感じているよりももっと我々の身近に、そして世の中の至るところに存在していて、思いもかけないところにまで影響を及ぼしている。

ビジネス上の判断にしろ、人生の岐路における何かしらの選択にしろ、あるいは資産運用上の投資判断にしろ、我々は常にいくつもの意思決定をしなければならず、その中で、最善の結果を出そうと試みる。

だが、どれだけ事前に努力しようとも、必ずといっていいほどに〝予想外〟のデキゴトは起き、その〝予想外〟の事態の中で、これまた必ずといっていいほどに、人は過ちを犯してしまう。人は、いつも〝予想外〟に振り回され、なおかつ〝予想外〟にとても弱いのである。

不確実性を理解することは、この〝予想外〟へ対処する方法を学ぶことにほかならない。

私は、銀行でデリバティブという金融商品のトレーダーを務めたのを皮切りに、長年にわたってさまざまな形で金融市場のリスクと向かい合ってきた。

そうした経験の中で、行き当たりばったりで一時的な成功を収めながら、不確実性を理解しないばかりに成功を長期的に維持することができなかった事例を、自他ともにいやというほど見てきた。

結論だけを先に言ってしまうと、**投資における成功は、相場の行方を正確に予想することよりも、〝予想外〟のデキゴトにいかに対処するかにかかっている。**なにしろ、どんなに高名な専門家であっても、相場の予想については、外すことの方が多いのだ。だが、そうした事実も、世の中にこれだけ多くの投資にまつわる本が出回っているにもかかわらず、やはり意外なほどに理解されていない。

私は仕事柄、相場の行方や、どうすれば簡単に、そして確実に儲けられるかを人に聞かれることが多い。だが、今も触れたとおり、相場は典型的に不確実性に支配される世界だ。格好の事例がある。

2016年に入ってすぐ、日経平均株価は大きく下がり、為替市場では円が急騰した。過去の新聞や雑誌、あるいはさまざまな調査レポートをインターネットで照会してみれば、ほとんどすべての専門家が、事前にこの大きな相場変動を予想できなかったことがわかるはずだ。そして、それは今回に限ったことではない。**専門家の予測は、いつもほとんど当たらない**のである。

専門家を揶揄しているのではない。本当のところは誰も、将来の相場動向に関して断定的な予測などできないのだ。だからこそ、最初から不確実であることを前提に相場に向き合っていくしかない。

そうしたことから私は、人に相場の行方や簡単に勝てる方法を聞かれるたびに、

「相場はプロでも基本的には予測できない。絶対に儲かるやり方というものも存在しない。だから、簡単でうまい話を求めるよりも、うまくいったときにどうするか、うまくいかないときにどうするかをしっかり身につけることが一番重要だ」

というような話をするわけだが、実際のところ、そのような話には誰もあまり関心を示

してはくれない。

「理屈の上ではそうですよね。それはわかりました（ハイ、その話はおしまい！）。それで、株は上がりますか、下がりますか。今、どの銘柄を買えばいいですか。為替はどうなりますか」

と、すぐに話は戻ってしまうのである。

このように、不確実性の存在は、多くの人にとって、たとえ知識としては知っていたとしても、所詮は右から左に抜けていく要素でしかない。そして、「日経平均株価はこれこれの理由で○○円まで上がりますよ。銘柄は××がお勧めです」という断定的な予測に飛びつくことになる。


人の耳目を引く、こうした断定的な予測は、結果として当たらないことが多い。とはいえ、始末の悪いことに、**世の中には数多くの予測が出回っていて、そのうちのいくつかは実際に当たってしまう**。どんなあてずっぽうでも、現実的に起こりうるものであれば、一定の確率でそれが実現するからだ。これもまた、不確実性の非常に重要な性質のひとつである。

だが、たまたま結果として当たったというだけで、人々はその予測が将来を見通した素晴らしい予測だったと考え、その予測をした者を称賛し、自分もそれにあやかることで将来を予測することができるようになるはずだと思い込む。しかし、そのようなやり方を続けていれば、短期的にはうまくいくかもしれないが、いつか必ず予想外のデキゴトに振り回され、身動きがとれなくなってしまう日を迎えることになる。

不確実性が重要であるのは、株式投資だけの話ではない。私は金融を専門としているので、本書で取り上げる事例は金融にまつわるものがどうしても多くなるが、不確実性はそれ以外のすべての意思決定にも必然的に伴うものである。

詳しくは本文で説明するが、複雑化する現代社会では、不確実性の影響はますます大きくなっているように思われる。その現代社会に生きる我々の中で、不確実性の問題を避けて通ることができる者などひとりもいない。

それどころか、**不確実性にどのように向き合い、そこから生まれるリスクをいかに制御していけるかが、すべての意思決定にとって、決定的に重要な要素となる。**だからこそ、不確実性を正しく理解することは現代社会を生きるすべての人にとって必須の教養といえるのである。

本書では、まず、不確実性をふたつの源に分けて解説していく。

第1章では、不確実性の源として比較的よく知られている「ランダム性」について扱う。ランダムという言葉が比較的よく知られているからといって、ランダム性が正しく理解されているわけではない。むしろ、多くの人はその影響を誤解している。ランダム性には、人の直感に反するような性質が備わっているからだ。ランダム性の本当の意味と、その影響を正しく理解することが、不確実性を乗り越える第一歩となる。

不確実性には、ランダム性以外に、もうひとつの源がある。それが、「フィードバック」だ。結果が原因となって、次々と結果が再生産されていくフィードバックと呼ばれるメカニズムから、第二の不確実性が生まれる。ランダム性を克服した者にとって、この第二の不確実性はさらに大きな壁となって立ちはだかる。第2章と第3章では、フィードバックが生むこの不確実性のメカニズムと対処法について取り扱う。

だが、これで終わりではない。「不確実性に対して人はどのように反応しがちなのか」を理解しなければ、本当に不確実性を理解したことにはならない。

残念ながら、人は不確実性に対して、誤った心理的反応からパターン化された失敗をしてしまいがちな生き物なのである。その意味で、**本当のリスクは、不確実性そのものの中ではなく、人や組織の心理の中にこそ存在する。**第4章では、こうした不確実性に対する人や組織の失敗のパターンを類型化していく。

それを踏まえて、最後の第5章では、特定の予測に頼らずに不確実性に対処していくという「新しい考え方」を提示する。この考え方は、「長期的な成功」をゴールとするものだ。

不確実性の性質や影響を考えれば、短期的な結果に振り回されることなく、長期的な成功の可能性を高めていくことが唯一の解決策となる。これが、本書の最大のメッセージだ。

本書は、不確実性の入門書として執筆されたものであり、不確実性に起因するリスクを管理・制御するための技術的な観点にはあまり触れてはいない。だが、本当に大切なことは、技術を習得することではなくて、不確実性に対する意識を変えることである。

とはいえ、意識の変革は簡単なことではない。結局、常に自分で考え、自分で不確実性に向き合っていかなければ、その意識変革は成し遂げられないのだ。本書をそのための入り口として位置づけてもらえれば、著者としてうれしい限りである。

2016年3月　田渕直也

目次

第2章 〉フィードバック〉

第3章 〉バブル〉

第1章

ランダム性

――予測不能性が人を惑わす――

未来を予測することはそもそも可能なのか？

ある高名な経済学者の誤り

1929年10月、高名な経済学者であったアービング・フィッシャーは、米国の株価は高原状態（高値を維持する状態）にあると言明した。

株価は、それまでの数年にわたって大きく上昇していたのだが、フィッシャーはその状況に対して、この株価上昇は実体を伴ったものであり、株価が反転して下落するようなことにはならないとお墨付きを与えたのである。

ところが、そのわずか数日後に、株価は大暴落した。フィッシャーはそれでも、ファンダメンタルズ（景気や企業業績など経済的な基礎的状況のこと）は健全であるため、株価の下落は一時的なものであり、すぐに回復するだろうと予測した。

このときの株価の暴落は、後に「暗黒の木曜日」として知られるようになる史上最も有名なもののひとつで、フィッシャーの予測もむなしく、その後も株価は下がり続けて、やがて「世界恐慌」と呼ばれる未曽有の経済危機へと発展していくものになる。世界恐慌が第二次世界大戦勃発の重要な背景になったことを思うと、この暴落は、歴史を画する重大事件であったといわなければならない。だが、フィッシャーはそれをまったく予測できなかったのだ。

フィッシャーが愚かな人物だったということではない。その後のフィッシャーには常にこのエピソードが付きまとうことになったものの、それでも彼が深い洞察力を備えた一流の経済学者だったことは否定しようがなく、その数々の業績には、現在においても高い評価が与えられている。つまり、このエピソードは、単に愚か者が予測を外したと片づけるべきものではなく、景気動向や株価変動には大きな不確実性が付きまとうがゆえに、彼ほどの優れた経済学者でも予測は当たらないと考えるべき事例のひとつなのだ。

〝予測できる未来〟と予測できない未来

それでは、未来は予測できないのだろうか。それは、科学というものが生まれてから、人類が問い続けてきたテーマである。不確実性の位置づけを明確にするためには、まずこの問いかけに対する答えを整理することから始めよう。

まず、未来には予測可能な部分が確かにある。たとえば、「日本の高齢化は今後一層進んでいく」という予測は非常に実現の可能性が高い予測だ。今後20年間に成人となる日本人は、過去の出生数からかなり正確に予測ができる。今後20年間に65歳以上となる人口も、現在の年齢別人口から、やはりかなり正確に予測できる。

現在までに進行している事象が、未来にほぼ確実な影響を及ぼすため、未来の日本における人口構成についてもおそらくこうなるだろうという予測が可能となるわけだ。

この合理的な予測が可能となる未来は、「マネジメントの発明者」ともいわれる経営学者・社会学者のピーター・ドラッカーが提唱する〝すでに起きた未来〟という概念に相当する。

だが一方で、「20年後の日本国内における高齢者比率は、ｘｘ・ｘｘ％である」という具合に、ピンポイントで正確に予測することはできない。ある年齢の人が20年後にどれだけ生存しているかは、過去の統計やさまざまな仮定を置くことでかなり正確に予測できるとはいえ、個々の人が交通事故にあったり、心臓発作を起こしたりすることまでは正確に予測できず、現時点ではあくまでも推定でしかないからだ。そこには、わずかではあっても必ず誤差が生じる。もっと大きな要因として、海外から移民がどの程度入ってくるかということも大きく影響する。この点についてはさらに不確定要因が大きく、誤差もそれだけ大きくなる。

このような部分については、絶対的に正しい予測というものは存在しない。未来における この予測できない部分こそが不確実性である。本書で取り扱うのは、まさにこの部分についてだ。

つまり未来の状態は、次式のとおり、予測可能な〝すでに起きた未来〟と予測不可能な不確実性の合成として捉えることができる。

【未来の公式】

未来　＝　〝すでに起きた未来〟（予測可能な未来）＋不確実性（予測不可能な未来）

人口動態に関しては、〝すでに起きた未来〟の比重が大きく、全体としてかなり精度の高い予測が可能となる事象だ。だが、多くの事象では、不確実性の影響はもっと大きい。たとえば、景気動向や株価変動の予測は、一般には「専門家ならば、ある程度精度が高い予測は可能だ」と考えられがちな分野だが、決してそうではない。

さまざまな追跡調査によると、専門家の予測は、ほとんどあてにならないことが示唆されている。少なくとも、バブルの発生や金融危機の発生など、経済上の大事件については、ほとんどの専門家が事前にまったく予測できていない。その端的な例が、冒頭に紹介したフィッシャーの事例なのだが、実のところこの手の話は枚挙に暇《いとま》がないほどにありふれた話なのである。つまり、景気動向や株価変動は、不確実性の比重がかなり高い事象と考えることができる。

では、景気動向や株価変動における不確実性の比重がどのくらい大きなものなのか、という点については、人によって多少見解が分かれるところである。しかし、ざっくりといえば〝すでに起きた未来〟に比べて不確実性の比重の方が圧倒的に大きいという点ではあまり異論がないはずだ。実際に、金融機関のリスク管理などでは、株価変動のほぼすべてが不確実性によるもので、予測が不可能であるという前提に立ってリスク管理の実務が行われている。

このように、先に示した未来の公式が意味することにはいくつか重要な点がある。

第一に、未来のデキゴトには多かれ少なかれ、不確実な要素が含まれる。

第二に、事象の種類（人口動態なのか景気動向や株価変動なのか）によって、その不確実性の影響の大きさは異なる。

未来のデキゴトに備えるためには、最初にきちんとこの整理をしておくことが大切である。

〝すでに起きた未来〟は、情報収集と合理的な分析によって予測の精度を高めることができる。だが、不確実性の部分はそうではない。不確実性とは、予測できない未来のことなのだから、それをあえて予測することは、単なる「あてずっぽう」にしかならない。これを混同してしまうと、不確実性に対しても、それを予測することによって対処していこうという発想に陥ってしまう。しかし、それはそもそもまったくのお門違いなのだ。不確実性に対しては、不確実性への対処の仕方がある。それを順次、解き明かしていきたいと思う。

リスクをとらないリスク

前項で見たように、未来には多かれ少なかれ不確実性が付きまとう。だから、未来に向けて意思決定を行う場合、不確実性をどう捉えるかが決定的に重要なこととなる。

もし、未来が確定しているのであれば、どのように行動すべきかはおのずと決まってくるはずだ。未来が不確実だからこそ、どのように行動すれば最も良い結果が得られそうかを考える必要性が生まれるというわけだ。

つまり、正しい意思決定をしていくためには、不確実性を正しく理解しなくてはならない。だが、不確実性には、これから説明していくように、誤ったイメージが付きまといがちである。それを払拭することが本書の目的のひとつなのだが、まずは前提となる基本的なことを押さえておこう。

不確実性は、先に述べたように「予測できない」性質を表す。その「予測できない」デキゴトが起きる結果として、リスクが生まれる。不確実性やリスクという言葉には、どうしても否定的なニュアンスが含まれているように受け取られるのではないかと思う。不確実なことはできるだけ忌避したい、リスクはできるだけ抑制したい、と考える人は、非常に多いに違いない。

だが、最初に理解しておかなければならないことは、不確実性（およびリスク）には、プラスの面とマイナスの面の両方があるということだ。

予想外に悪いデキゴトが起きることもあるが、予想外に良いデキゴトが起きることもある。不確実性の中でリスクをとらなければ、そのチャンスを得ることはできない。だから、**不確実性に対処するとか、あるいはリスクを管理するということは、必ずしも不確実性を除去したり、リスクを抑制したりすることと同一の意味にはならない**ことに注意する必要がある。

そもそも不確実性は予測できないのだから、予測できないものを除去したり、完全に抑制することなどできるはずもない。それなのに不確実性を忌避しようとすれば、リスクを恐れて何もしないようになってしまう。だが、そこには別のリスクが生まれる。

投資家がリスクをとらなければ、リスクをとっていれば得られていたかもしれない利益の可能性を失う。

企業であれば、リスクをとらなければ環境の変化についていけず、ライバル企業の後塵を拝する危険性が生まれることになるだろう。

不確実性にはプラスとマイナスの両面がある以上、「リスクをとらないリスク」が必然的に生まれるのである。

この「リスクをとらないリスク」には、非常に厄介な一面がある。それは、「何かをして失敗する危険性」は比較的明瞭に意識することができるのに、「何かをしないことによって生じる危険性」は明確に意識することが難しい、ということだ。それゆえ、明確に意識しやすい「何かをして失敗する危険性」に目が向かい、リスクを恐れて何もしないという方向に流れていきやすくなる。だが、それは目に見えない「リスクをとらないリスク」を冒していることにほかならない。

だから、リスクは忌避すべきものではなく、適切にとっていくものと考えるべきなのである。**どのようなリスクをどれだけとるべきかを決定すること**こそが、不確実な世界における意思決定なのだ。

本書では、不確実性から生まれる予想外に悪いデキゴトにどう対処していくかということに焦点が当たっているために、「不確実性＝悪いもの」というイメージを抱いてしまう場面があるかもしれないが、それは本意ではない。あくまでもリスクをとったうえで、その先にある〝予想外〟にどう備えるかをテーマとしているのだということを、ここであらためて明確にしておきたいと思う。

投資家が何かに投資をすることは悪いことではなく、当然のことである。だが、何かに投資をしたら、予想外のデキゴトが起きる心構えはしておかなければならない。

企業が新しい製品やサービスを取り入れるべくチャレンジをするのは企業として当然の努力である。だが、それが予想外の悪い結果を生むかもしれないことは考えておく必要がある。それが不確実性に備えるということなのである。

以上のことを念頭に置いたうえで、あらためて不確実性をもたらすものは何かを考えていくことにしよう。最初に解明すべき第一の不確実性の源は、ランダム性と呼ばれるものである。

「ランダムである」とはどういうことか

事前の確率、事後の結果

ランダムとは、まったくの偶然によってデキゴトの経過や結果が左右されることである。たとえば、サイコロを振ることをイメージしてみよう。サイコロの目は1から6まであって、サイコロを振る前にはどの目が出るかはわからない。事前にわかっているのは、どの目も出る確率が六分の一ずつあるということだけだ。

そして、実際にサイコロを振ると、どれかの目が出て、それが結果となる。その結果そのものは偶然によって左右され、あらかじめ知ることはできない。

コイン投げをイメージしてもよい。コインを投げる前にいえることは、表が出る確率と裏が出る確率は半々であるということだけである。だが、実際にコインを投げてみると、必ずどちらか片方の結果だけが出る。やはりどちらが出るかは偶然によるもので、実際にコインを投げた後にならないとわからない。

これがランダムの基本的な性質である。つまり、**あらかじめ言えることは確率だけであって、正確な結果を前もって予測することはできない**。サイコロを振って3の目が出たとすると、それはたまたまそうなったのであって、そうなる必然的な理由があったわけではないのだ。

ランダムな動きにおけるこの予測不能性が、不確実性を生むことになる。こうしたランダムな動きというのは現実の世界でも非常に頻繁に見られるものだ。

株式市場では、誰も予期していなかったニュースが出るたびに、株価がランダムに揺れ動く。誤解のないように言っておくと、良いニュースが出て株価が上がるとか、その逆になるというプロセス自体は、原因があって結果が生まれる因果関係によるものとも考えられる。しかし、「予想に反したニュースが良いものとなるか悪いものとなるか」そのものは、ランダムな挙動である。

あるいは、ついうっかりコップを落としたときのことを考えてみよう。コップが落ちるスピード、高さ、床の材質、床に落ちたときにコップのどの部分がぶつかるかなどによって、コップは割れることもあるし、割れないこともある。「コップを落とした」という共通の原因があっても、結果はまちまちで予測できない。これも、ランダムな挙動といえる。このような**ランダムな動きでは、原因があって結果が生まれるという因果関係は存在せず、ただ確率だけがあって、その確率に従って結果が生まれる。**

このように、ランダム性を理解するためにはまず確率というものを理解することが重要になるわけだが、この確率というものが、実は厄介な代物なのである。

確率は、いうまでもなく数学や統計学におけるとても基礎的な概念である。サイコロを振って1から6までのいずれかの目が出る確率はそれぞれ六分の一であり、コイン投げで表が出る確率と裏が出る確率は二分の一ずつであることは、誰もが理解できる。

予期しないニュースが株価変動にとって良いものになるか悪いものになるかは、長い目で見れば概ね半々の確率になる。落としたコップが割れる確率は簡単には知ることができないが、やはり何らかの確率があると考えることはできるはずだ。

ここまではいい。確率の厄介なところは、**実際に結果が出てしまうと、確率が意味を持たなくなってしまうところにある。**

サイコロを振って6の目が出たとしよう（以下では6の目がラッキーなものであるという前提で話を進める）。この6の目が出たという事実はもう消しようがなく、「6の目が出る確率は六分の一」という言い方は、6が出たという結果に対して何の意味も持たなくなる。そして、6の目が出たという結果に対して、人は「これはラッキーだ」とか、「6が出るように念じながらサイコロを振ったのが良かった」などと感じるわけだ。

しかし、その後サイコロ投げを何度も繰り返していくと、その結果には再び確率がうっすらと姿を現すようになる。局面によっては、6の目が続いて出ることもあれば、何回振っても6の目が出ないこともあるだろう。だが振る回数をどんどん増やしていくと、どの目が出る比率も大体同じくらいになっていき、いくら心の中で6の目が出ることを念じながら振っても、その頻度は六分の一に近づいていくのである。

つまり、**サイコロを振る前は確率しかなく、実際のサイコロを振った後には結果しかない。だが、結果を数多く積み上げていくと、そこには再び確率が現れる。**これは、確率というものを理解するうえでとても重要な点である。こうした性質があるからこそ、後に説明するバリュー・アット・リスクなど、確率によってリスクをコントロールするという手法につながっていくのだ。

人は「明確な原因」を探したがる

さて、ランダムなデキゴトは確率を考えることはできても、正確な結果は予測できないということだった。この点についても、勘違いを起こしやすいところがある。「正確な予測はできない」とはいっても、たまたま予測が当たることはあるのである。6の目が出ると宣言してサイコロを振り、実際に結果がそのとおりになる確率はやはり六分の一だ。つまり、ランダムなデキゴトを予想すると、確率どおりに的中する。

株価の場合、統計的にみると一日当たりで上昇する確率は下落する確率をわずかに上回るが、概ね半々と考えたとしても大きな間違いではないだろう。したがって、明日の株価は上昇するとか下落するという予想を立てた人は、約半分の確率で予想を当てることができる。2日連続で予想を当てることができる確率はおよそ四分の一だ。10日連続で予想を当てられる確率は約千分の一、およそ0・1％となって、その確率はかなり小さくなる。だが、株価を予想する人が大勢（たとえば一万人ほど）いれば、誰かが10日連続で予想を当てている可能性はとても高くなる。**自分がそうなる確率はとても低いが、誰かがそうなる可能性はとても高い**ということだ。

宝くじは、さらに顕著な例だ。ジャンボ宝くじの一等当選確率は一枚当たり概ね一千万分の一である。くじを10枚買えば、百万分の一、すなわち0・0001％となり、自分がそのわずかな確率に当たるのは奇跡に近い。だから、宝くじを買った特定の人に対しては

「あなたの買った宝くじは当たらない」と言えば、それはほぼ正確な予測になる。その一方で、世間を見渡せば必ず誰かが一等を当てている。

自分にはほぼ起きないことが誰かには起きるというこの現象は、確率というものの重要な帰結のひとつである。だが、それは人の感情にざわざわとした違和感を生み出さずにいられない。

自分の株価予想はそんなに当たらないのに、世の中には連戦連勝のすごい投資家がいる。その投資家は、きっと自分の知らない秘密のやり方で相場を予測する術を手にしているに違いない。そう思わずにはいられないのだ。

宝くじであれば、当たるか当たらないかは運次第だということは、誰にでも理解できることだと思う。それでも、もし本当に宝くじを当てた人に直接会う機会があって、「誰にも言っていない話なのだが、霊験あらたかな祠があって、毎日そこで手を合わせるようにしたとたんに宝くじが当たったのだ」

と聞けば、一度はその祠に行って手を合わせてみたいと感じるのが人情というものだろう。

確率に従ってデキゴト（結果）が起きるというメカニズムは、どうも人の心理にはそのまま素直に受け入れられないものなのだ。

デキゴト（結果）には、確率以外に必ず何か明確な原因があるに違いない。

株価の予測を当てた人は、人が知らない何かを知っていたに違いない。

宝くじを当てた人は、人とは違う何かをしていたに違いない。

人間は、いくら確率を知識として学んでも、そう感じてしまう生き物なのである。これが、ランダムな事象に対処する際に、思い違いや判断ミスをしてしまう大きな要因となっていく。


さて、ここまで説明したところで、ランダム性の特徴について、簡単にまとめておこう。

- 因果関係によってではなく、確率によってモノゴトが生起する（偶発的）。そのため、事前に結果を知ることはできない
- 個々の結果に対して確率は意味を持たない。しかし、結果を多く積み上げていくと、その積み上げた結果の集合体は確率に従って分布するようになっていく
- 確率がわずかしかない事象では、自分がその事象に出くわすことはまずないが、他の誰かが出くわすことは普通にある

ランダムは本当に予測できないのか

「ラプラスの悪魔」の呪縛

前項で見たように、人は「ランダムなデキゴト（結果）は確率によって生じているだけであって、明確な原因があってそうなっているのではない」という考え方を素直に受け止めることが難しい。そして、その心理的傾向は、「ランダムなデキゴト（結果）も本当は予測が可能なのではないか」という感覚につながる。

再びサイコロを例にとろう。たしかに現実の我々には、サイコロの目は完全にランダムに決まるように見える。

しかし、サイコロの形状や正確な重心の位置、サイコロを振りだすときの角度やスピード、そのときのサイコロの向きや回転の度合い、サイコロが振り落とされる台の材質や反発力、そして重力や空気抵抗などをすべて正確に知り、精密な計算を行えば、どの目が出るかは結果が出る前に確実にわかるはずだ。落としたコップが割れるか割れないかについても同じことがいえるだろう。結局、ランダムに見える事象も、本当はランダムなのではなく、ただ知識や情報、計算能力が欠けているためにランダムに見えるだけなのではないか。人類は、長いことそのように考え続けてきた。

そして現在も、多くの人はそう感じているに違いない。その考え方に従えば、真にランダムなデキゴトなどないはずであり、知識を深め、能力を高め、努力を重ねていけば、いつかは必ず完璧な予測できるようになるはずだ。言い換えれば、全知全能の知性さえあれば、将来は完全に予測できるものとなる。

この架空の全知全能の存在は、その概念を提唱したフランスの物理・数学者、ピエール・シモン・ラプラスにちなんで「ラプラスの悪魔」と呼ばれている。

また、このような考え方を決定論という。決定論によれば、すべての事象は因果関係によって決定され、確率などというものは本当には存在しない。だから将来は、実はもうすでに決まっている。そうだとすれば、将来というものは、（現実的には計算が複雑すぎて予測できないとしても）原理的には予測が可能ということになる。原理的にとは、全知全能のラプラスの悪魔ならば、ということだ。

この決定論の考え方は、おそらく多くの人にとって当然とも感じられるのではないかと思う。これが、知識を増やしたり、努力を重ねたりすることで、少しずつであっても、未来を予測することに近づけるという感覚につながっていく。

人は、今までどれだけ予測が当たらなかったとしても、誰かの予測にすがっては裏切られてきたとしても、それでもまた予測に頼ってしまう。それは、やりようによっては将来を予測することが可能なはずだという決定論的感覚が、人の心理に染みついているからなのだ。

たしかに世の中には、ラプラスの悪魔ならば予測が可能な見かけ上のランダムさも多く存在する。だが、我々はラプラスの悪魔にはなれない。サイコロが振られてから結果が生じるまでの間に、結果を左右するすべての要因を知って予測を行うことも、コップが床に落ちるまでの間にコップが割れるか割れないかを予測することもできない。それでも、我々の決定論的な感覚は、予測できないデキゴトに対しても、正確に予測することで対処しようという気にさせてしまう。これが不確実性への対処を誤らせる大きな要因となっていくのである。

量子力学からの反論

そもそも、決定論は本当に正しいのだろうか。ラプラスの悪魔ならば、本当に未来をすべて予測できるのか。残念ながら、こうした考え方は現在では量子力学というものによって否定されている。ここで量子力学が登場することに驚く読者もいるかもしれないが、決定論やラプラスの悪魔の呪縛から逃れるために、量子力学で記述される世界ではたとえラプラスの悪魔でも未来を予測できないのだと知ることは、とても有意義だろう。

現在の物理学では、物質やエネルギーの基本単位である素粒子の運動を、量子力学という理論体系で説明する。素粒子とは、光を構成する光子という粒子や、物質を構成する電子やクォークなどという粒子のことである。

クォークは三つが合体して陽子や中性子となり、原子核を形作る。そして原子核と電子が組み合わさって原子ができる。我々の体も、我々が目にするすべてのモノも、この原子から成り立っている。

さて、粒子、すなわち粒というものは、観測することでその存在する場所や運動を特定することができるはずのものである。ドアを開けて部屋を見たときに、ビー玉が床の隅で静止した状態になっていたり、ある地点を一定のスピードで別のある地点に向かって移動中であったりするというようなことだ。粒というのは本来そういうものであるから、それは当たり前のことといえる。

ここで問題となるのは、その粒子が観測によって発見される場所や運動があらかじめ予測できるのかということである。もちろん、決定論に従えばそれは可能なはずだ。ビー玉の例でいうと、もともとビー玉が床の隅に静止していれば、観測者がドアを開けたときもその状態のままだろう。もし誰かがビー玉を転がした後で観測者がドアを開ければ、ビー玉は転がった状態で観測される。その位置と運動は、観測する前の状態さえ特定できれば、計算によって簡単に予測することができるはずだ。

ところが、量子力学による説明ではそうならない。観測されていない素粒子は、異なる状態が重ね合わさった形で存在していて、その状態を特定することはできないとされているのだ。つまり、一粒の素粒子は、観測されない限り、ある場所に特定の状態で存在するのではなく、同時に複数の場所に存在し、同時に異なる運動をしていることになる。ビー玉に置き換えてみると、これは実に奇妙なことだ。

一粒のビー玉が、人が見ていない状況では、床の隅に静止していると同時に、床の上をありとあらゆる方向に転げまわっていることになる。

そして、何らかの観測を行うと、その素粒子は神がサイコロを振って決定したかのように、そのときに初めて場所や運動がランダムに決まる（図1）。

先ほどの例ならば、ビー玉が存在する場所や運動はドアを開けるまではっきりと決

図1　「不気味」な量子力学のイメージ

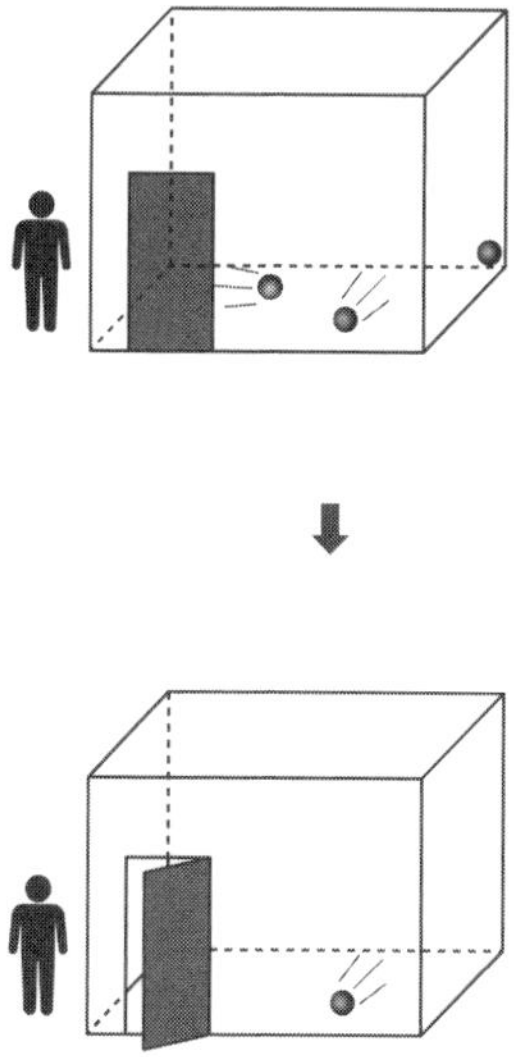

ドアを開ける前の状態では、ビー玉は複数の場所でさまざまな運動をしている

複数のビー玉が存在するのではなく、ひとつのビー玉が複数の状態を同時にとっていることに注意！

ドアを開けると、ビー玉はある場所である運動をしている状態で観測される

その状態はドアを開けたときに初めて決まるので、ドアを開ける前には予測できない！

注：このような量子力学的効果は素粒子レベルで見られるものであり、ビー玉はイメージするためのたとえにすぎないことに注意。

まっておらず、ドアを開けた瞬間に初めて決まるといっているようなものだ。

だから、ドアを開けたときにビー玉がどこにどのような状態で発見されるかは、事前に予測することができず、実際にドアを開けてみなければわからない。**それは、知識や情報、計算能力が不足しているからではない。そのときにならないと場所も運動も決まらないからである。**


量子力学が明らかにしたこのような素粒子の不思議な性質を、直感的に理解することはとても難しい。天才物理学者の名をほしいままにしたリチャード・ファインマンは、量子力学を本当に理解している人間はいない、という発言をしている。

ただし、量子力学自体は難解でも、量子力学がもたらす帰結は明快だ。素粒子の将来の状態（観測された後の状態）を現時点（観測していない時点）で特定することは原理的に不可能であるということである。たとえ、全知全能の力を持つラプラスの悪魔であっても未来は予測できない。つまり、決定論は成り立たない。※

なぜそうなっているのかについては未だにわからないことが多いものの、そのような不可解な性質こそが、この世を成り立たせる物質やエネルギーの真の姿なのだ。

当初このような考え方が提起されたとき、量子力学の成立にも大きな影響を与えたアルバート・アインシュタインは、「神はサイコロを振ったりしない」と激しく反論した。我々はまだ素粒子の状態を特定する方程式を見つけていないだけで、いつか必ずわかるようになるはずだ、というのがアインシュタインの考えだった。これは、ラプラスの悪魔を擁護するものといえる。

世界最高の頭脳と称されたアインシュタインでさえ、世界の根本に完全なランダム性が存在するという考え方を受け入れられなかったのだ。

だが、その後数十年に及ぶ論争とさまざまな実験による検証の末、最終的に真のランダム性を前提とする量子力学に軍配が上がることとなった。物理の根底に、事前には確率しか存在せず、計算によって将来を正確に予測することが原理的に不可能であるという真のランダム性が存在することが明らかとなったのである。

量子力学とそれに関する論争は、ふたつのことを教えてくれる。人々は、原理的に予測

※1　残念ながら、量子力学は人の常識的感覚とは完全にかけ離れた帰結を導くので、これを理解しやすいように説明することはできない。もし簡単に理解できるようだったら、それは私の説明が正しくないのだ。さらにいえば、量子力学の本当の意味は、誰にも理解できない。しかし、その理論の正しさはさまざまな実験結果が証明している。ここで重要なのは、その量子力学で記述される世界では、ラプラスの悪魔の存在が否定されるという点である。

が不可能であるという真のランダム性の存在を、心理的に受け入れることができない。なにしろ、あのアインシュタインでさえそうだったのだ。しかし、それにもかかわらず、世界の本質的な部分に、真のランダム性は現に存在している。

量子力学は素粒子レベルという超ミクロな世界の物理学であり、普段の我々にはその効果を直接的に感じることが不可能だ。だから、我々の住む（マクロな）世界には関係のない話だと思われるかもしれない。だが、それは違う。量子力学こそが、最も根本的な物理法則なのだ。

この不思議な量子力学的な効果がなければ、宇宙も、生命体である我々も存在することができない。我々になじみ深いマクロ世界の法則はすべて、理解しがたく奇妙極まりない量子力学的効果が集積した結果として現れているものにすぎない。我々の住む世界は、いかに実感することが難しくても、量子力学的効果の上に成り立っているのである。[※2]

そのような世界の根本部分に、事前に予測することが不可能な性質が横たわっていることとは、我々に根本的な発想の転換を求めるものとなる。**すべてを予測しようという考え方は捨てなければならない、**ということである。

結果の予測はできないが確率は見積もれる

ランダムウォークと正規分布

ランダムな変動が継ぎ合わされて一連のつながりとなったものを**ランダムウォーク**という。※3

パチンコの玉が打ち出されて、釘に当たって右に左に跳ね、ジグザグの軌道を描きながら下に落ちていくさまが、まさにこのランダムウォークである。日本語では「千鳥足」と訳されることもあり、これは酔っ払いが右に左にふらつきながら、あらぬ方向に進んで

※2　量子力学の詳細に興味がある方は、巻末の参考図書を参照してほしい。量子力学は誰にとっても完全には理解できないものだが、その帰結を知るだけでも世界観が覆されるような衝撃を受けること、間違いなしである。

※3　ブラウン運動ともいう。コップの水にインクを垂らすと、そのインクがじわじわと水の中に広がっていく。これはブラウン運動によるもので、インクの粒子が水分子とランダムにぶつかり、ランダムウォークをした結果として現れる。

いってしまうイメージを表している。

このランダムウォークは、予測不能なランダムな変動が継ぎ合わされたものなので、図2において打ち出されたパチンコ玉がどのエリアに落ちてくるか、事前に一回一回の結果を正確に予測することはできない。

だが、何度も試していくと、どのエリアに落ちる頻度がどのくらいかが浮かび上がってくる。ある特定エリアに落ちる頻度が最も高くなり、そこから左右に離れるにしたがって頻度が減少していくのである。そして、最終的にその頻度は図2の実線で表された左右対称の「釣鐘型」の形状に近づいていく。この釣鐘型の分布が**「正規分布」**と呼ばれるものだ。ランダムな動きの積み重ねが、こうした正規分布を形作るのである。

正規分布では、中心にある平均とか期待値と呼ばれる値が実現する確率が一番高く、それよりも大きな値となるか小さな値となるかは五分五分で、上下いずれにしても平均から離れた値になるにしたがって、確率はどんどん小さくなっていく。

この正規分布は統計学や確率論における最も基本的な概念のひとつで、さまざまな場面に登場する。

図2　ランダムな挙動が繰り返されると正規分布が現れる

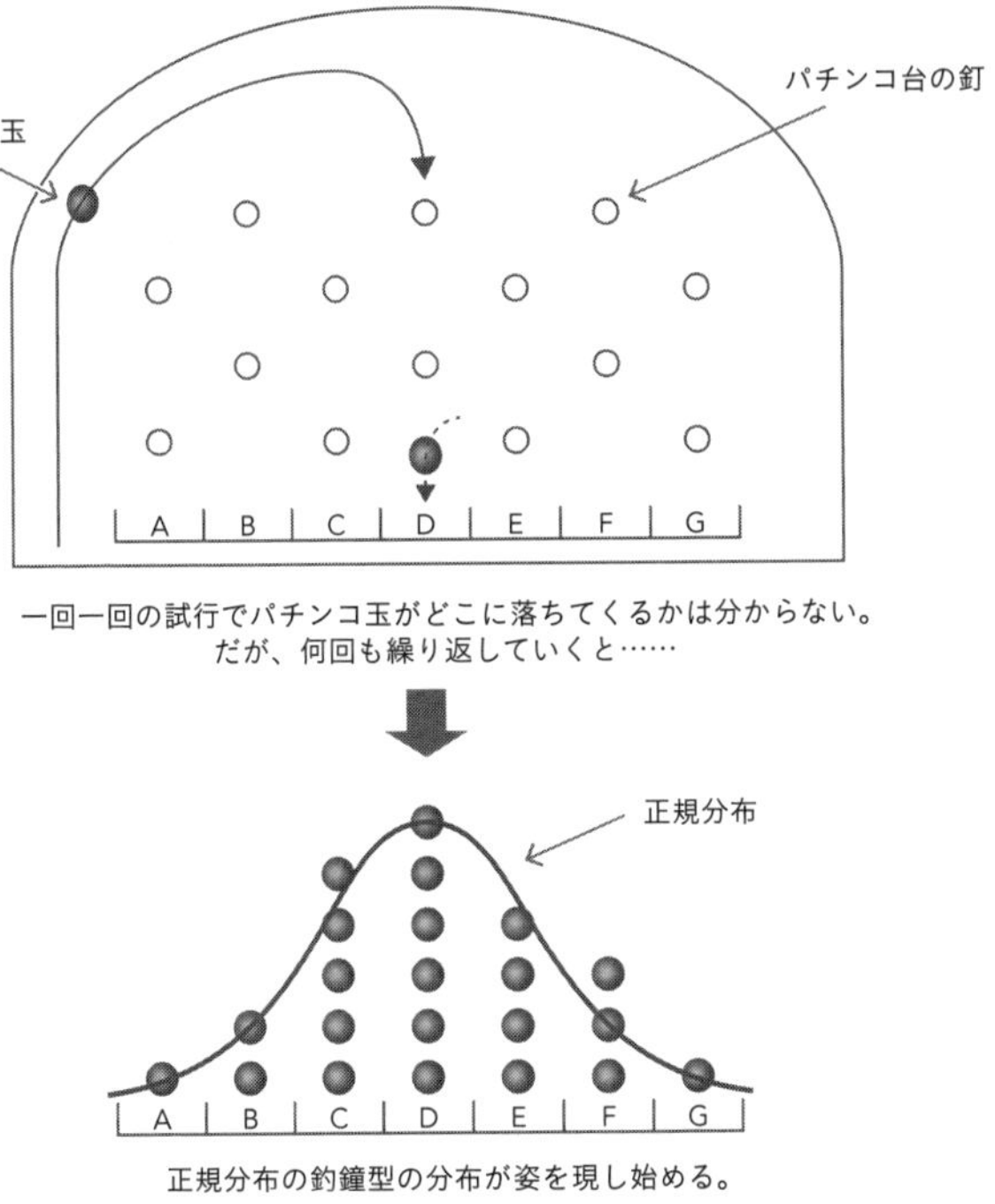
パチンコ玉
パチンコ台の釘
A B C D E F G
一回一回の試行でパチンコ玉がどこに落ちてくるかは分からない。
だが、何回も繰り返していくと……
正規分布
A B C D E F G
正規分布の釣鐘型の分布が姿を現し始める。

いくつか例をみてみよう。

図3は、学校保健統計調査のデータからとった身長の分布である。実線で示した理論上の正規分布とほぼ近い形の分布となっている。人の身長の分布は、正規分布に従うと考えられているもののひとつである。

図4は、全国学力テストとセンター試験の結果の分布だ。テストや試験の場合は、設問の仕方や受験者の特性などによって結果の分布が大きく変わってくるので、必ずしもきれいな正規分布にはならないのだが、平均から離れるにしたがって人数や頻度が減少していくときの減り方が、正規分布の形にとてもよく似ている。人が持って生まれた知的能力もまた、正規分布に従うと考えられているものだ。

こうした正規分布は、先ほどのパチンコの例で見たように、ランダムウォークの結果として現れる。なぜ、人の身長や知的能力が正規分布に従うと考えられるのかというと、身長や知的能力の違いも、パチンコ玉の行方と同じように、遺伝子の「ランダムな変異の積み重ね」によって引き起こされると考えられているからである。

そのため、パチンコ玉を数多く打てば正規分布が現れるように、大勢の人の身長や知的能力のデータをとれば、やはり正規分布が現れる。

図3　身長の分布

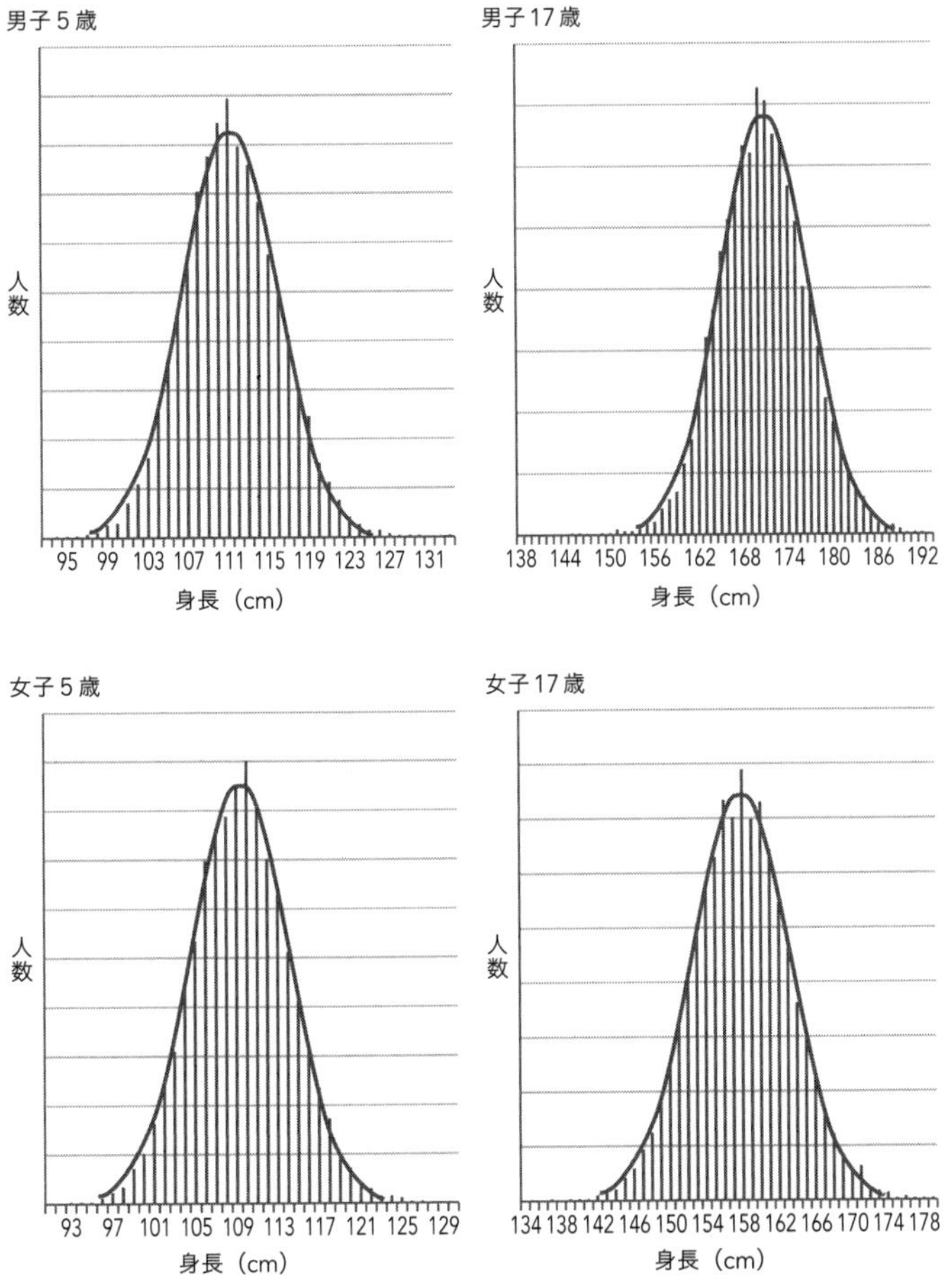

注：実線は理論的な正規分布を示している
出典：文部科学省 学校保健統計調査（平成26年）

図4　学力の分布

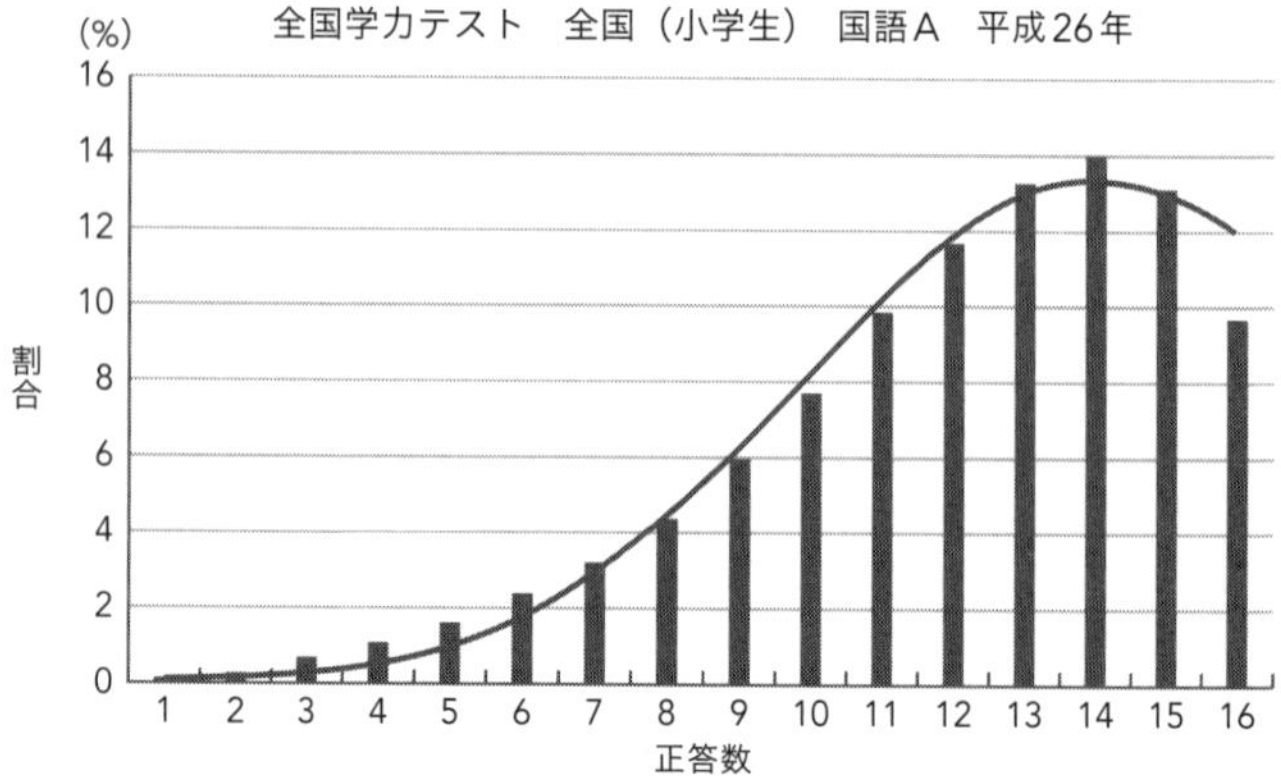

国立教育政策研究所報告書より筆者作成

注：平均点が高めであるため、分布が右に偏っているが、左側の減少傾向は、正規分布の特徴をよく示している。

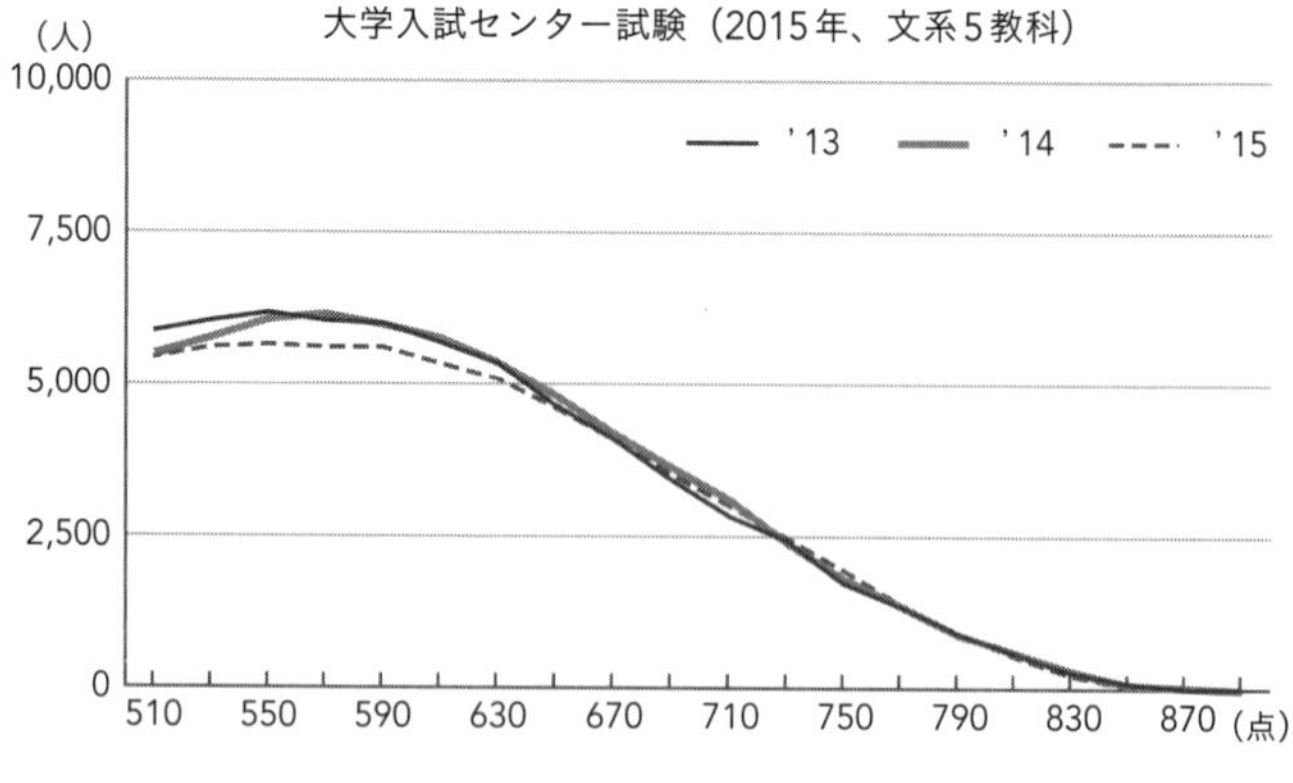

出典：ベネッセコーポレーション／駿台予備校

注：500点以下の分布が示されていないが、上位の分布は正規分布の特徴をよく示している。

ここで、株価変動をランダムウォークに見立てるとどうなるかを考えてみよう。ちなみに、株価変動をランダムウォークに見立てることは、金融理論や金融実務で広く行われている。後から見ていくようにこの見立てが完全に正しいとは言い切れないのだが、ここではあくまでもランダムウォークに見立てたらどうなるかを考えてみよう。

Ａ社株の現在の株価を１０００円だとする。株価がこの水準を出発点としてランダムな動きを積み重ねていくとしたら、１カ月後のＡ社株の株価がどのくらいになるかという確率の分布は、正規分布によって表すことができるはずだ。

正規分布は、先ほども述べたように、ランダムな変動の積み重ねの結果として現れる、頻度や確率の分布を示す釣鐘型の形状である。正規分布はどれも同じような形をしているのだが、細かい計算をしていくためには、**どこに分布の中心があって、分布がどのくらい広がっているか**を特定しなければならない。

「どこに分布の中心があるか」を決めるのが**「平均（＝期待値）」**、「分布がどのくらい広がっているか」を決めるのが**「標準偏差」**というパラメータである。逆にいえば、このふたつのパラメータさえ特定できれば、正規分布の位置や広がり具合は正確に特定される。

この株価の例でいえば、ランダムな動きは上がるか下がるか五分五分なので、その動きの期待値である「平均」は現在の株価である1000円に等しくなる。

標準偏差は、結果がどの程度ばらつくかを示す指標で、正規分布の横方向への広がりを決めるパラメータである。A社株が普段から値動きが激しい株であれば、当然想定される株価のばらつきも大きくなるので、標準偏差も大きくなり、正規分布は横に広がった形となる（図5a）。A社株が変動の緩やかな安定した値動きの株ならば、標準偏差は小さくなり、正規分布は中心に寄った形となる（図5b）。

こうして正規分布の位置や広がりが特定できれば、「結果がいくら以下になる確率」や、「いくら以上になる確率」などの確率計算が簡単にできるようになる。この確率計算が簡単にできるという点も、正規分布の特徴のひとつだ。

ここまででようやく、ランダム性に起因する不確実性に対処する方法を考える準備が整った。それでは、その対処法を次にみていくことにしよう。

図5　ばらつきの大きい正規分布とばらつきの小さい正規分布

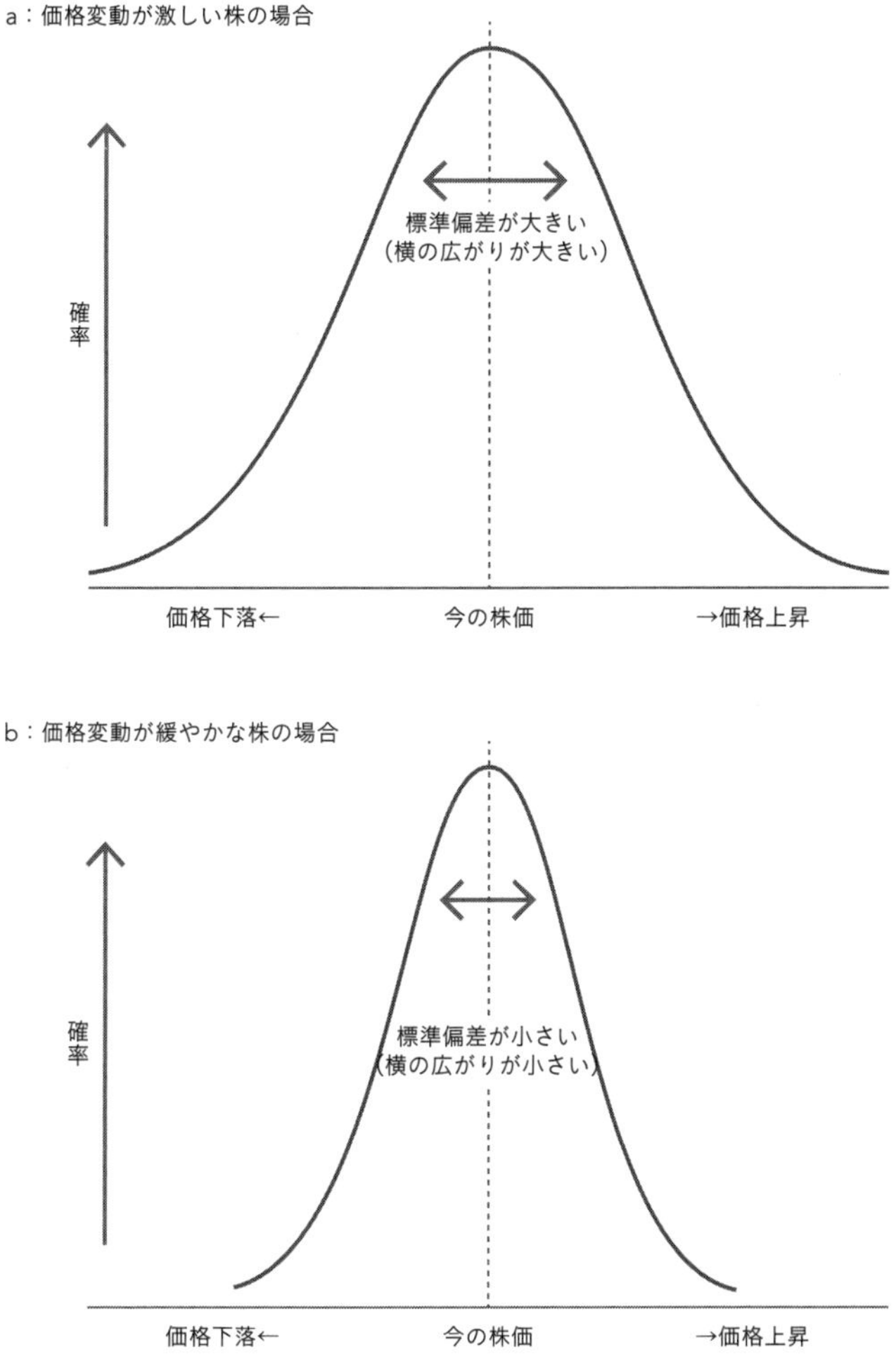

ランダム性に起因する不確実性に対処する方法

確率的に対処する

前項まで見てきたように、ランダムなデキゴトの積み重ねは、一回ごとの結果を正確に予測することはできないが、その発生確率を捉えることはできる。その基本的性質から、ランダム性に起因する不確実性にどのように対処すべきかが見えてくる。

つまり、**確率的に記述できる不確実性には確率的に対処する**、ということである。確率的に対処するということは、すなわち第一に、期待値でモノゴトを考えるということだ。

期待値とは、起こりうるすべての結果にその結果が起きる確率をかけて合計した平均値のことである。たとえば勝ち負けが完全に偶然に左右され、かつ胴元に中抜きされない純粋な賭け事で得られる利益の期待値はゼロで、もし胴元に手数料が落ちていればその分だけ期待値はマイナスになる。期待値がマイナスの場合は、続ければ続けるほど損失が生まれる可能性が高くなっていくわけだ。

宝くじは、たとえば３０００円分を購入したとすると、それによって得られる期待賞金額は購入代金の約半分、１５００円程度にしかならない。期待値で考えれば、宝くじは購入を繰り返していけばいくほど、購入代金の半分を失っていく行為なのである。

投資でも、ただ漠然と売買を繰り返しているだけならば、博打と同じで、利益の期待値（期待リターン）はゼロか、あるいは手数料や税金などのコストの分だけマイナスとなってしまうと考えられている。

短期的にはそれでも利益が上がることはあるが、長い期間漠然とした売買を繰り返していけば、トータルで利益を上げることは次第に難しくなっていく。つまり、長期にわたって投資で利益を上げるためには、単なる博打を繰り返して短期的な勝ち負けに一喜一憂するのではなく、何十回、何百回と投資を繰り返した後に、トータルで利益を上げることを考えていかなければならないのである。どうすれば期待値をプラスにできるかを考えることが、確率的に対処する第一のポイントだ。

ただし、期待値というものは一回一回の結果には明確には現れず、数多く試していくことによって次第に浮かび上がってくるものである以上、仮に期待リターンがプラスのやり方を見つけたとしても、それが直ちに短期的な成功を保証するわけではない。だから、長期間そのやり方を続けていくことが必要となっていくのである。

確率的に対処する第二のポイントは、たったひとつの断定的な予測に決め打ちをしないということである。ある株に投資をするとき、投資家は当然のことながらその株の価格が上昇することを〝期待〟して株を買うわけである。だが、この場合の〝期待〟は、今まで述べてきた期待値の〝期待〟とは意味が違っている。あくまでも、「こうなってほしい」という主観的な希望である。

主観的な希望を持つこと自体は悪いことではなく、それがなければ株に投資しようという気持ちは生まれてこない。だが、それが主観的な希望であって、現実はそのとおりにならない可能性があることは知っておく必要がある。

ここで、ロバート・ルービンの「蓋然的思考」※4というものを紹介しておこう。

ルービンは、世界最強の投資銀行であるゴールドマン・サックスでトレーダーとして活躍し、ゴールドマンのトップにまで上り詰めた人物である。その後、政界に転じて、ビル・クリントン政権で財務長官を務め、名財務長官の名をほしいままにした。金融市場、企業経営、財政政策の運営などさまざまな分野で大成功を収めたルービンは、自分自身の考え方を「蓋然的思考」と名付け、それが自分の成功を支えたものであったとしている。

ルービンの「蓋然的思考」とはまさに、モノゴトを断定的に捉えず、確率的に対処していくという考え方だ。何か意思決定をする場合に、ただひとつの断定的な予測に基づいて意思決定するのではなく、客観的な複数の予測に基づいて判断をしていく。たとえば、「Aという望ましい結果になる確率が80％あり、そのときの利益は１００万ドル、しかし、その一方でBという望ましくない結果になる確率が20％あり、その時の損失は３００万ドル」

というように、その期待値とリスクの大きさを比較して、そのうえで意思決定をしていくのである。

今の例でいえば、最大３００万ドルの損失が生じる可能性があるが、期待値はプラス20万ドル（＝＋１００万ドル×80％－３００万ドル×20％）となる。３００万ドルの損失に対する備えができていれば、取り組む価値があるものだとみなせる。

もちろん、このような考え方をしたからといって、いつも成功するわけではない。だが、ルービンは自分の意思決定の良し悪しを一回一回の成功不成功という結果で判断しようとはしない。

起こりうる結果とその確率の見積もりは合っていたとしても、見込んだとおりの20％の

※４　蓋然的とは「確率的」というような意味。

確率で、望ましくないBという結果が起きる。そうであれば、**結果は悪かったものの、意思決定そのものは間違っていなかった**ことになる。正しい確率の見積もりをもとに判断を繰り返していけば、やがてその確率が姿を現し、長期的には成功の可能性が高まっていくからだ。だが、本当はBが起きる確率を30％と見込むべきだったのに、20％しか見積もっていなかったのなら、それは間違った意思決定になる。

ルービンの信条は「絶対確実なことなどない」という言葉に集約される。**100％確実なことなどない。将来におけるすべてのことは確率的に捉える必要がある。そして、一回一回の結果ではなく、長い目で見たトータルの結果でその成否が判断されなければならない。**これが、不確実性に対処する一大原則なのである。

リスクを測定する

ランダム性に起因する不確実性はリスクを生む。そのリスクがどのくらい大きなものなのかを測定するためには、やはり確率的に考えていく必要がある。

リスクとは本来、利益が生まれるか、損失が生まれるかわからない状態を指す。損失が生まれる可能性は、利益が生まれる可能性と一体のものであり、本来はそれを切り離すことができない。しかし、「リスク」という言葉にすると、その一体のもののマイナスの側面にだけ目が向けられてしまうようになる。その意味で、極めて語弊を生みやすい用語といえるだろう。

そうはいっても、不確実な世界においてまず考えなければならないことは、その不確実性から受ける打撃が致命的な一撃となるのをいかに防ぐかということだ。

たとえば我々が戦国時代に生きているとしたら、不確実性への対処を誤って命を落とせば再起は永遠に不可能となる。現代においても、投資家が投資で大きな損失を被って全財産を失えば、再チャレンジが困難になってしまう。企業が大規模な設備投資をして、それが裏目に出れば企業の存続が危うくなる。

不確実な世界では、うまくいくこともあればうまくいかないこともある。うまくいくときにできるだけ波に乗るということも重要だが、その前にまず重要なのは、**うまくいかないときに再起が不能になるほどの致命的な損失を被って、次にうまくいくかもしれない機会を永遠に失うことがないようにする**ことだ。

予想外に悪いデキゴトが起きたときにでも、損失が致命的なものにならないようにコントロールしていくことが決定的に重要になる。これが、リスク管理の本質だ。

先ほどまで、リスクには本来プラスの面もあると言っていたそばから、ここでは致命的な損失を被るリスクという、リスクの負の一側面を取り出していることに注意してほしい。致命的な損失を回避することの重要性を簡潔に表す用語として「リスク」以外に適切な用語がないため、以下では「リスク」をそのような意味合いで使うことを、あらかじめ断っておきたい。

さて、この致命的な損失を被るリスクの測定方法は、ランダム性に起因する不確実性についてはすでにほぼ確立されている。それが、**VaR**（Value at Risk＝バリュー・アット・リスク、単にバーと呼ぶこともある）だ。[※5] あまり技術的な話に踏み込むことは本書の範疇ではないが、VaRは不確実性を扱う際の基本となる考え方なので、ぜひ押さえてもらいたい。

リスク管理の基本〝VaR〟

ランダムな事象の積み重ねでは、その結果を事前に予測することはできないが、その確率分布を見積もることはできる。そして、それは正規分布の形をとる、ということを述べてきた。

具体的にイメージしやすいように、ここでも株価の変動を例に挙げよう。現在一株＝1000円のA社株1万株に投資したケースを考えてみる。投資金額は1000万円だ。あなたは投資家として、これを1年間保有すると考えてほしい。

1年後のA社株の株価は、現在の価格1000円を期待値（＝平均）とする正規分布の形をした確率分布で表すことができるということだった。[※6] 正規分布の形を特定するためには、平均の他に、もうひとつのパラメータである標準偏差を特定する必要がある。ここでは、過去のA社株の株価変動の大きさから、標準偏差が平均となる価格の25％分だと推定できたとしよう。つまり、平均である1000円にこの25％をかけた250円が、株価の確率分布の標準偏差となる。これで、1年後のA社株の確率分布を描き出すことが可能になった。

※5　理論的にはVaRよりも望ましいと考えられている期待ショートフォールというリスクの計測方法も存在しているが、実務的には広く普及していない。本書では、その点には立ち入らないが、いずれの手法でも「確率的に考える」という要点は変わらない。

※6　ここでは、考え方を示すのが主眼なので、多少単純化して説明をしている。

分布を特定したら、次のステップとしてA社株の株価が1000円から500円以下に値下がりするケースを考えてみよう。1000万円を投資して500万円以上の損失を被るケースだ。

500円という株価は、平均と標準偏差を使って表現すると、平均（1000円）よりも「標準偏差（1000円×25%＝250円）×2」分低い価格ということになる。

正規分布では、さまざまな確率計算が簡単にできる。ここでも、（株価が500円以下、つまり「平均－標準偏差×2」）以下になる確率は、正規分布の確率分布関数というもので簡単に計算できて、図6のように2・275%となる（エクセルで「＝NORMSDIST（－2）」と打ち込むと答えが得られる）。

同様にして、「株価が1年後に○○円以下になって××円以上の損失が生じる確率」はさまざまに計算できる。これらの確率計算の中から最悪の事態を特定して、その最悪の事態で生じる損失額をリスクの大きさとして捉えればいい。ただし、そのためには、**あらかじめ「最悪の事態」としてどの程度の最悪を想定するのかを、決めておかなければならない。**

なぜ最悪に程度があるのか、疑問に思うかもしれない。最悪は最悪であって、最悪の「程度」とはどういうことか、と。だが、最悪といっても厳密に計算し始めたらきりがな

図6　1年後のA社株の株価を正規分布によって想定する

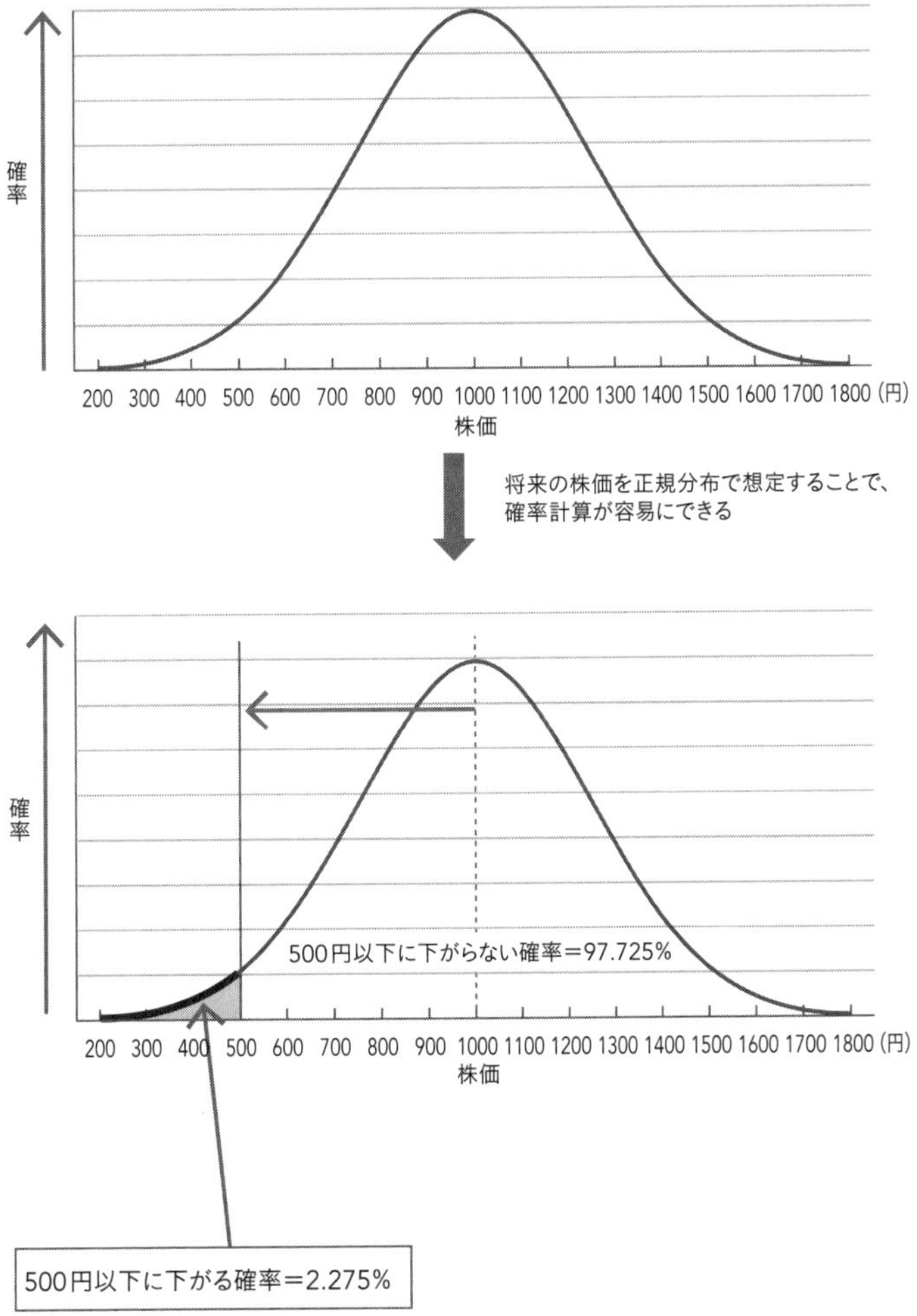

い。たとえば、A社がどんなに優良な企業であっても、1年後に破たんして株式が文字どおり紙くずになってしまう可能性は厳密にはゼロではない。だから、本当の意味での最悪の事態では、どんなものに投資するにしても、投資した金額がすべて失われることを常に想定しなければならないことになる。

だが、それではリスクの大きさを測っていることにはならない。優良な株でもそうではない株でも（あるいは株より安全と考えられる債券や預金でも）、投資した金額がすべて失われる事態を想定していたら、リスクの大小の区別がつかなくなってしまう。それに、投資金額をすべて失うことを想定しなければいけないとしたら、ほとんどの投資家は株式投資などできなくなってしまうに違いない。そしてその結果、先に触れた「リスクをとらないリスク」の問題に行き着くことになる。

だから、もっと現実的な確率の範囲というものを決めて、その範囲内における最大の損失額に備えるという考え方が必要となる。

そこで、ここでは97・725％（100％－2・275％）の確率の範囲内で起きる最大の損失額に備えることを考えてみよう。損失に備えるということは、その金額を失っても致命的な打撃とはならないように、あらかじめそれ以上の余裕資金を用意しておくということとだ。

さて、先ほどの正規分布で考えると、株価が500円以下に下がって500万円以上の損失が生まれる可能性は2・275％ということだった。だから、もし余裕資金が500万円用意できている投資家ならば、100％－2・275％、つまり97・725％の確率で、損失は余裕資金の範囲内に収まり、破滅を免れるということになる。つまり、この場合「97・725％の確率で生き残ることができる」といえるわけだ。もちろん、この確率をもっと高く設定することは可能だし、多くの場合ではそのようにすべきだろう。ただ、ここでは考え方を説明することが主眼なので、仮定としてこの数字を使って話を進めていく。

とれるリスクの量を知る

実際のリスク管理の手順では、少し順番が異なる。**最初に、自分の財政事情から見て「いくらまでの損失なら再起が可能な状態を維持できるか」をあらかじめ把握しておく。**もしそれが500万円なら、A社株に1年間1万株の投資ができる、という判断が可能になるわけだ。もし200万円までの損失にしか耐えられない投資家なら、97・725％の範囲で生じる最大の損失額が200万円に収まるように、投資する株数を4千株にまで減らさなければならない。
これが、VaRの基本的な考え方である。

VaRはよく予想最大損失額と訳される。だが、実際には条件付きの予想最大損失額である。前記の例でいうと「97・725%の範囲内での」という条件が付いている。この「生き残り確率」とでもいうべき確率の範囲は、**信頼区間**と呼ばれる。VaRは、あくまでも、この信頼区間の中での最大損失額なのだ。逆にいえば、VaRは、〔1－信頼区間〕の確率（前記の例だと2・275%）で、VaRを上回る損失が発生する。それはVaRの定義からすれば当然のことだ。

つまり、**〔1－信頼区間〕の確率でVaRを超える損失が発生してしまうことは、VaR計算ではもともと想定されていることである。だから、実際に損失が発生したとしても、それはリスク管理の失敗とはいえない。本当の意味でのリスク管理の失敗とは、損失の発生確率を過小に見積もってしまうことだ。**

本当は5%の確率で500万円以上の損失が発生すると見込むべきだったのに、それを2・275%と見積もっていたのなら、それこそがリスク管理の失敗である。本当は97・725%の確率で生き残りたかったのに、実際には95%の確率でしか生き残れない状態だったことになるからだ。

逆に、確率の見積もりは合っていて、2・275％の確率で発生すると見積もっていた最悪の事態がその見積もりどおりの確率で実現しただけなら、結果は悪かったものの失敗ではない、ということになる。

もちろん現実的には、いくら見積もりが正確だったとしても、実際に大きな損失を被って破滅を迎えれば、間違いなくリスク管理の失敗だとみなされる。「たまたま信頼区間に収まらない事象が発生した結果として破滅しただけで、リスク管理に失敗したわけではありません」などと言っても、誰にも相手にはされないだろう。だから、実際に損失を被ったら、その場合は黙って責任を引き受けるしかない。

そのような事態に陥る確率をできるだけ小さくするためには、信頼区間をもっと高いところに設定すればよい。しかし、信頼区間を１００％に近づけていくと、先ほども指摘したリスクをとらないリスクの問題が出てくる。

それだけではなく、さらに追加のコストも発生する。信頼区間を引き上げていくと、次第にほんのわずかな信頼区間の引き上げに要するコストが加速度的に増加していくのだ。そして、信頼区間を限りなく１００％に近づけていくと、それに要するコストも無限大に近づいていく。

ランダムなデキゴトの積み重ねでも、偶然のいたずらで極端なデキゴトが起きることが稀にある。そうした稀に起きる極端な事象に対応するには非常に大きなコストがかかるのである。極端な例として、巨大隕石が落下して世界が壊滅してしまう可能性は厳密にはゼロではないが、そこまでのリスクを回避する手段など現実的には存在しないため、対応コストは無限大ということになってしまう（図7）。だから、結局は信頼区間を現実的なレベルに設定せざるを得ないのだ。

このＶａＲのように、確率的に対処するというのは、どうしても一種のあやふやさを伴うものである。誰しも、確実に成功して、確実に失敗を回避したい。だが、不確実性に満ちた現実の世界では、厳密に確率０％とか、１００％という状態は事前には存在しない。事後的に、結果となることによって初めて０％や１００％の状態になる。そして、我々はランダムに生まれる結果そのものをコントロールすることができない。**制御できるのは確率だけ**なのである。

図7　信頼区間の引き上げと対応コストの関係（イメージ）

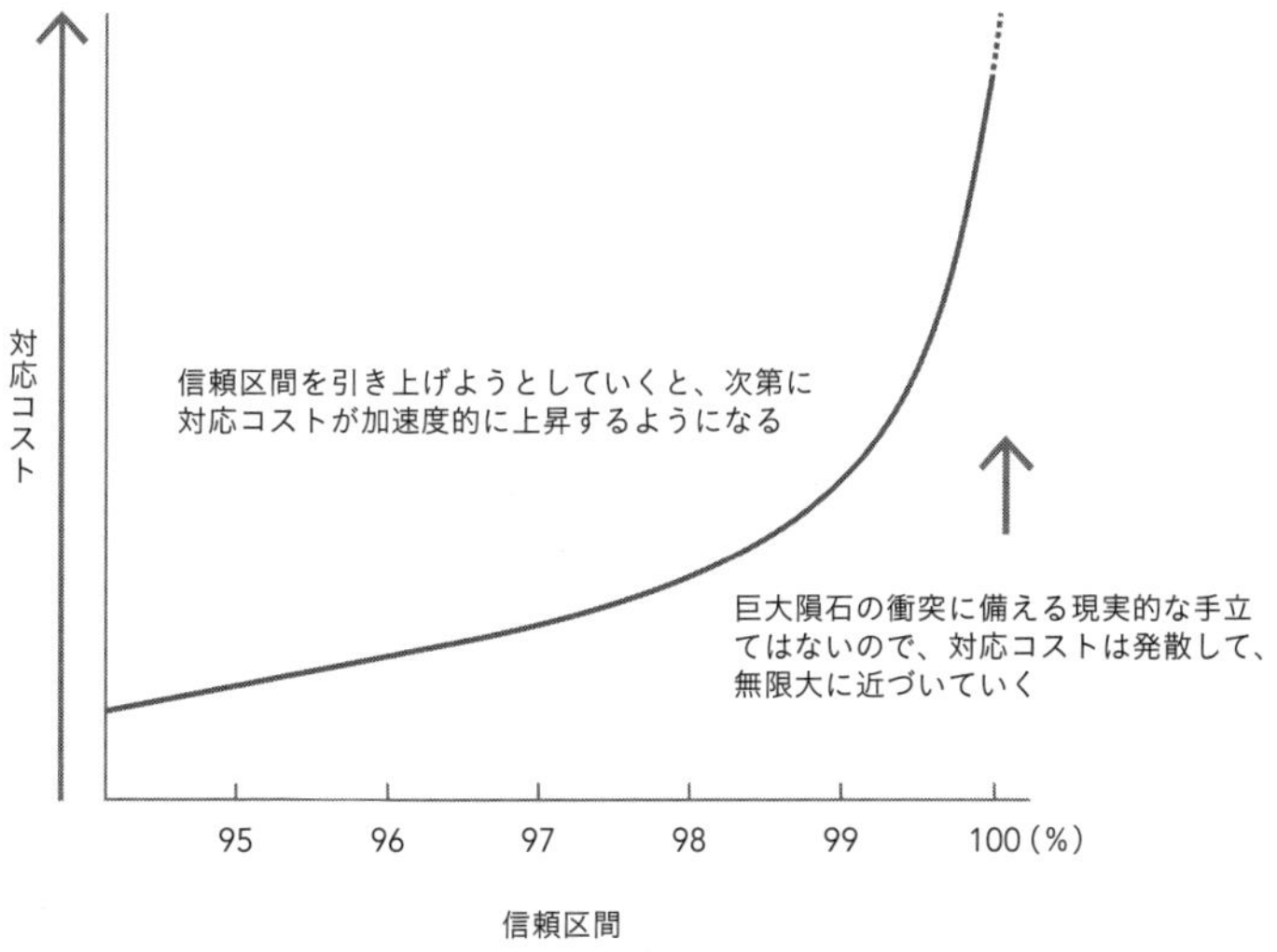

人はランダムにたやすく惑わされる

人はランダムなデキゴトをランダムだと感じられない

　さて、ここまで不確実性の第一の源であるランダム性について、その基本的性質と対処法の概要を説明してきた。だが、ランダム性にまつわる本当の問題は、もっと根深いところにある。それは、**人はランダムなデキゴトに遭遇しても、それをランダムなものとは感じないようにできている**ということだ。だから、確率的に対処するという考え方そのものは理解できても、そのやり方を当てはめるべき対象を正しく見極めることができない、という別の問題が生じる。

　手始めに、「ランダムな動き」と聞いたときにどのようなものをイメージするかを考えてもらいたい。おそらく多くの人は、バラバラで、とりとめがなく、明確なパターンを示さないものをイメージするだろう。たとえば図8のAは、コンピューター上で作り出したランダムウォークの一例だ。これなら、誰もがいかにもランダムな動きだと感じるのではないだろうか。

図8　ランダムな動きはどのように見えるか

A

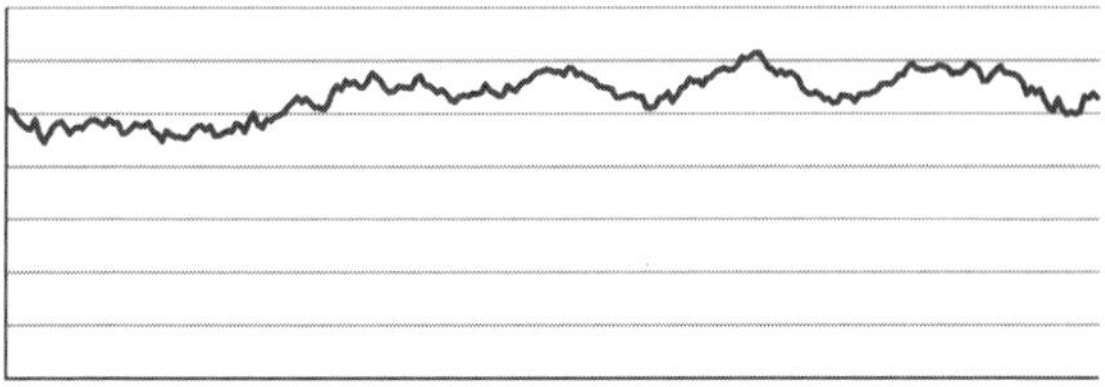

方向性も特徴もない「いかにもランダム」な動き

B

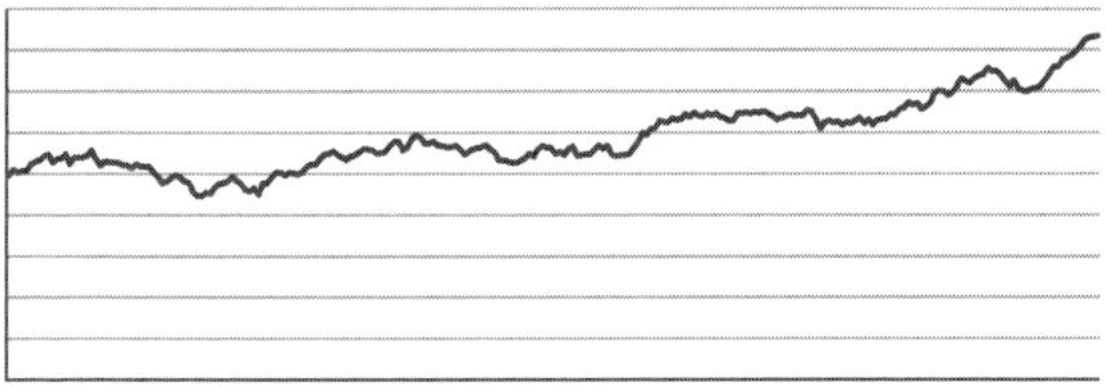

バブル期に見られるような加速する上昇トレンド

C

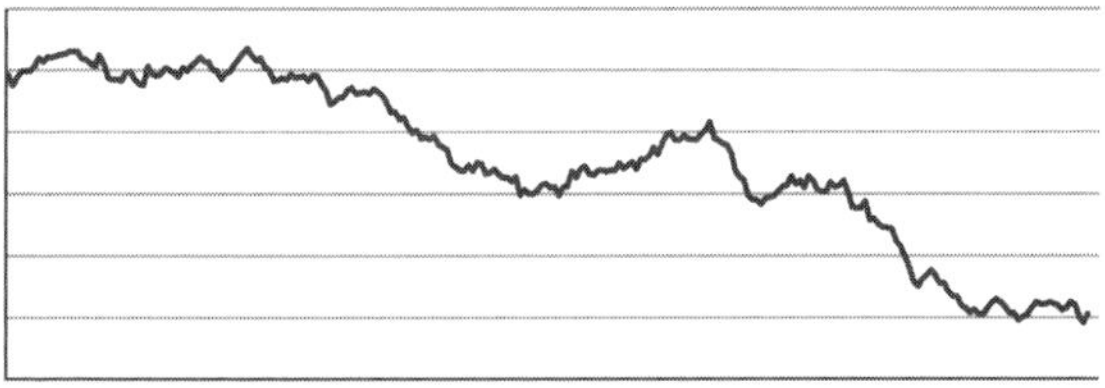

株式相場の暴落に見られるような急激な下落トレンド

D

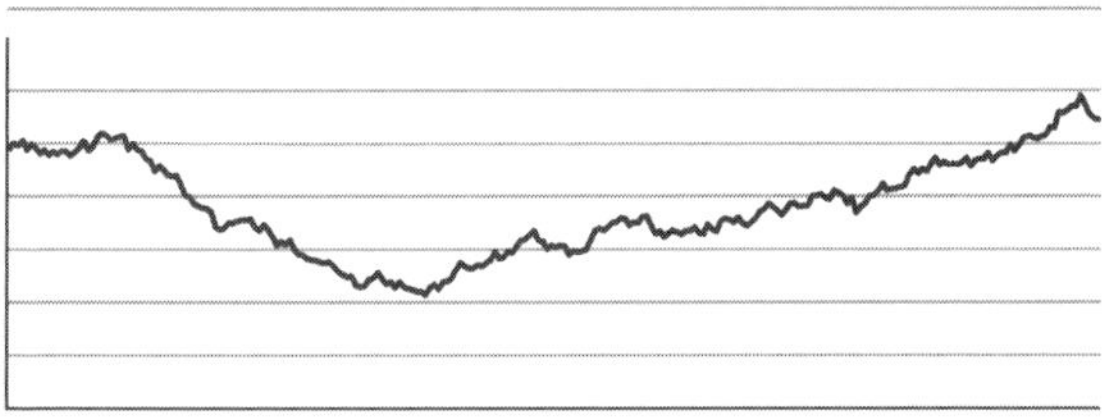

明確な下落トレンドから明確な上昇トレンドへの転換

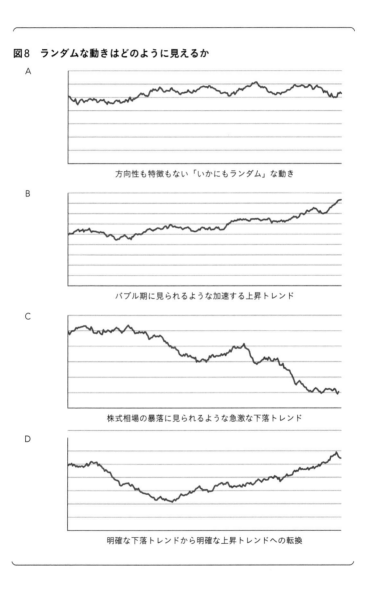

では、B～Dはどうだろう。

Bは、アベノミクスに乗って株価が大きく上昇するというような動きによく似ている。

Cは逆に、さしずめ経済が危機的状況を迎えて、株価がとめどなく下がっているような動きだ。

Dは、株価の下落トレンドと上昇トレンドが途中で明確に切り替わっているパターンに見える。

いずれも、何か明確な背景があって意味がある動きをしているように見えるはずだ。つまり、ランダムな動きには見えない。ところが、これらもすべてコンピューター上のランダムウォークのシミュレーションで作り出したものなのだ。

実のところ、ランダムウォークのシミュレーションを繰り返していくと、そのほとんどが明確なパターンを持っていて、Aのようにいかにもランダムに見える動きというものは意外に少ない。ランダムウォークの大半は、人の目にはランダムには見えないものなのである。

同様の例をもう一つ示そう。コイン投げをして、表が出たら○を、裏が出たら×を付けていく。10回コイン投げをするとして、以下のどのパターンがより現れやすそうだと感じるだろうか。

（1）×○○×○××○×○
（2）○○○○○○○○○○
（3）××××××××××
（4）×××××○○○○○

答えは、「どのパターンも生じる確率はすべて同じ」である。だが、人の目には、（1）はいかにもありそうに見えるものの、（2）～（4）は（1）よりもはるかに起きそうにないものと感じられるはずである。

コイン投げはランダムな事象である。人はランダムな事象では、明確なパターンが現れるとは思わないのだ。だが、ランダムな事象が明確な結果を生むことは、決して不思議なことではない。

なぜ人は、このようにランダム性を誤認してしまうのだろうか。その要因は、人の心理に根差している。人の心理には、モノゴトを一瞬のうちにパターン化して認識し、「明確な結果には明確な理由があるはずだ」と考える傾向が強く備わっているのだ。そして、その心理的傾向は、実のところ38億年に及ぶ生命進化の過程を生き抜く中でヒト（およびその進化上の祖先）が獲得してきた特殊な能力なのである。

原因と結果を単純化して結びつけることによって、ヒトはモノゴトをシンプルに理解することができる。モノゴトの理解がシンプルでパターン化されているからこそ、瞬間的に判断を下すことも容易になる。逆にパターンで把握するのではなく、すべての複雑なモノゴトを複雑なままに一から把握すれば、途方もない時間とエネルギーがかかる。

この因果関係を推測する能力のおかげで、我々ヒトの祖先は厳しい生存競争の中で生存確率を高められただけでなく、複雑な概念を簡単に整理することができるようになり、結果的にさまざまな文化を育むことにもつながった。つまり、モノゴトを因果関係で捉えることは、（たとえそれが厳密に正しくはないとしても）ヒトのヒトたる所以ともいうべき能力なのである。だが、その副産物として、**因果関係を持たないランダムな動きを素直に受け止めることができない**という心理的傾向が生まれた。

たとえば、コイン投げで先ほどの（2）の結果を見せられたら、「これは明確なパターンを持っているから、ランダムな動きなどではなく、何か明確な原因によって生じた動きだ」と感じ、「このコインは表が出やすいように細工されたコインなのだろう」と考える。

（4）の結果を見せられたら、「これはイカサマで、何かカラクリがあるに違いない」と思う。

この傾向は、すべての事柄に当てはまる。**明確な結果を伴うデキゴトには必ず明確な原因があると考え、確率的に対処するという考え方を当てはめようとは思わない**。だから、たまたま相場予測を当てた人がいた場合に、それを偶然の産物であるかもしれないなどとは考えずにカリスマ視してしまう（「確率がわずかしかない事象では、自分がその事象に出くわすことはまずないが、他の誰かが出くわすことは普通にある」というランダム性の性質を思い出してほしい）。そして、そのカリスマにあやかって、いつか自分も相場を予測できるようになりたいと願うのである。

世の中はランダムに満ちている

人はランダムなデキゴトをランダムとは感じないという点は、いくら強調しても足りないだろう。この感覚は、本能的なものであるがゆえに、決して消えることがないからだ。そして、そのことはとても重要な帰結を導く。**人はランダム性の存在とその影響を常に過小評価してしまう**のだ。

人はランダムな動きの多くをランダムなものとは捉えない。だから、世の中の至るところにランダム性が存在していても、そのほとんどに気付かない。

「人生に運不運があることくらい知っているさ」と思われる人もいるかもしれない。しかし、人がランダム性の存在を本能的に過小評価するという傾向からすれば、まず間違いなく、そう思っている以上にランダム性は身の回りに普遍的に存在している。

それだけではない。**デキゴトの結果が明確で重大なものであればあるほど、人はランダム性ではなく、もっと納得しやすい他の原因を見つけてこようとする。**つまり、ランダム性による影響を過小評価する分、別の因果関係を過大に評価するようになるのだ。

だから、宝くじの当選者に教えてもらった霊験あらたかな祠で手を合わせたくなる。宝くじは完全にランダムなもので、普通に考えれば「祠に手を合わせる→宝くじが当たる」という因果関係は成り立ちそうにない。それでも、「宝くじが当たった」という明確な結果には、明確な原因があったはずだという感覚を完全になくすことはできない。

そして、どうしても明確な因果関係が見つからない場合は、運命を持ち出してくる。

運が良かったとか悪かったという偶然の結果を、必然性を伴う運命という概念で置き換えるのだ。

運と運命はまったく異なるものである。運は良いこともあれば、悪いこともある。だが運命は、運が良いこと（あるいは悪いこと）が起きることは運命なのだ、という具合に、偶然により生じるものを必然的なものとして捉えるものだ。

私は宝くじに当たったことがないので、実際のところはどうなのかわからないが、もし高額賞金が当たったら、何かしらの運命を感じるのではないかと思う。

運命とは「うまく言葉では表せない原因があって、その結果としてデキゴトが生じている」と考え、稀な事象を説明不能な因果関係で説明しようとするものである。人は、そうした概念を持ち出すほどに、明確な結果を偶然のせいだと考えることを嫌うのだ。

宝くじというランダム性の果たす役割が明確な事例ですらそうなのだから、世の中のデキゴトの大半では、ランダム性による影響を他の因果関係で置き換えることはもっと自然に行われているに違いない。

株価の変動にランダム性がみられることは実証的にも明らかなのだが、新聞の株式欄では「昨日の株式市場では、とくに明確な理由はなかったものの、たまたま株価が上がった」などと報じられることはなく、必ず何か理由が付けられて解説が行われる。こうした解説の多くは、株価が上がったという事実に辻褄が合うように後付けで拵《こしら》えられたものなのだが、そうした**後付けの解説がもてはやされるのは、人々が因果関係による説明を好む**

からである。

成功者をカリスマ視し、失敗したものを糾弾することも、同じ感覚から生まれる。成功も失敗も、明確な原因による必然的な結果だと捉えるのだ。だが実際には、成功・失敗も、ある程度は確率的な現象である。もちろん成功者には成功の要因があり、失敗をしたものには失敗の要因があったかもしれない。だが、そこには必ず偶然の働きもあったはずであり、したがって成功や失敗も、すべては確率的に捉える必要がある。**成功を収めたカリスマのやり方を１００％真似たところで、ランダム性の影響がある以上、その成功は決して再現できない。**

ランダム性は、一見単純な概念のように見えて、実のところとても奥深く、簡単に語り尽せるものではない。しかし、不確実性の全体像をつかむためには、ランダム性の話はこのあたりで切り上げて、次に進まなくてはならない。不確実性には、ランダム性とは違う、もうひとつの重要な源があるからである。

column 01

ファンドマネジャーはサルに勝てない

大勢の投資家資金をまとめて運用する仕組みを「ファンド」という。ファンドマネジャーは、その運用方針を決める運用の専門家だ。多くの投資家は、高名なファンドマネジャーが運用するファンドを、高い手数料を支払ってでも購入しようとする。高学歴で、ファイナンス理論をみっちり学び、高額の年収を得ている著名なファンドマネジャーならば、自分たちよりも運用がうまいはずだと考えるからだ。その根底には、「株式相場を予測できる術はどこかにあり、特定の誰かがその術を知っているはずだ」という考え方が前提にある。

それでは、実際のファンドマネジャーたちの成績はどうなのだろうか。実は、さまざまな実証研究で、**ファンドマネジャーたちの平均的な運用成績は極めて凡庸なものである**ことが示されている。この事実は、運用の専門家だからといって株式相場の変動を他の人よりもうまく予測できているわけではないことを意味している。一体、なぜこのようなことになるのか。

株式相場がランダムに変動しているのだとしたら、どんな専門家でも相場の先行きをうまく予測することができない。そのため、ファンドマネジャーの平均的な成績が凡庸なものであるという事実を、株式相場がランダムに動いている証拠だと考える人たちも多い。

そのような考え方を端的に表す有名なたとえ話がある。投資本の名著とされるバートン・マルキールの『ウォール街のランダム・ウォーカー』という本に書かれ、その後さまざまな投資関連本の中で紹介されているものだ。

まず、壁に株式の銘柄を並べた紙をはる。そして、サルにその紙に向かってダーツを投げさせて、ダーツが刺さったところに書いてある銘柄に投資をしていくのだ。このように「ダーツ投げをするサルによって投資する銘柄が決められるファンド」と、「高名なファンドマネジャーが運用するファンド」を比較すると、両者に基本的な優劣は発生しない。

もちろん、偶然の作用で、結果としてファンドマネジャーの成績の方が良くなる可能性はある。だが、同等の確率でサルがファンドマネジャーを上回る可能性もある。つまり、合理的に期待できる運用収益（期待リターン）は同じなのだ。

高名なファンドマネジャーは高い手数料を取るであろうことを考えると、合理的に期待できる投資家の手取り額は、むしろ少なくなってしまう。株式相場が完全にランダムなものであれば、起きるのはそういうことだ。そして、現実の世界でも、実はそれに非常に近い結果が示されている。

ファンドマネジャー全体で見ればそうかもしれないが、個々のファンドマネジャーを見れば、明らかに優秀な成績を収めているファンドマネジャーだっているじゃないか、という反論があるかもしれない。だが、ダーツ投げのうまいサルを100匹揃えてそれぞれファンドの運用をさせれば、そのうちの何匹かはカリスマ・ファンドマネジャー並の成績を残すことになるはずだ。もちろん、それもたまたまの結果である。

偶然は人々が思う以上に現実の世界に影響を与えている。そして、**偶然はカリスマやスターを生み出すこともできる**。人が、明確な原因と結果が織りなす必然の物語だと思っていることも、実は偶然のいたずらにすぎないかもしれないのだ。ファンドマネジャーとサルの対比は、そのことを思い起こさせてくれる格好の題材として、長く語り継がれているのである。

第2章〉

フィードバック

——原因と結果の不釣り合いが直感を欺く——

ランダム性では説明できない もうひとつの不確実性

予想外の大変動

１９８７年10月19日の月曜日、米国株式相場は前週末比で22・6％も下落し、一日当たりとしては史上最大の暴落を記録した。いわゆる「ブラックマンデー（暗黒の月曜日）」である。

第1章で見てきたように株価が完全なランダムウォークで、その株価変動の発生確率を正規分布で表せるとして、これほどの大変動が起きる頻度はどれくらいになるだろうか。計算すると、およそ1阿僧祇（あそうぎ）年に一度という途方もない結果がはじき出される。阿僧祇といわれてピンとくる人は少ないと思うが、これは我々が普段使う万、億、兆のはるか先にある数字で、

10の56乗＝100000000000000000000000000000000000000000000000000000000

に相当するものだ。宇宙の年齢が１３８億年といわれているが、1阿僧祇年の時間の中で

図9　米国の株価変動率上位15事例

変動順位	日付	株価変動率	正規分布を仮定した場合、何年に一度起きるか
1	1987年10月19日	-20.5%	1阿僧祇（あそうぎ）年
2	2008年10月13日	11.6%	14京年
3	2008年10月28日	10.8%	544兆年
4	1987年10月21日	9.1%	127億年
5	2008年10月15日	-9.0%	87億年
6	2008年12月1日	-8.9%	48億年
7	2008年9月29日	-8.8%	24億年
8	1987年10月26日	-8.3%	1.3億年
9	2008年10月9日	-7.6%	463万年
10	2009年3月23日	7.1%	36万年
11	2008年11月13日	6.9%	18万年
12	1997年10月27日	-6.9%	14万年
13	1998年8月31日	-6.8%	11万年
14	1988年1月8日	-6.8%	9万年
15	2008年11月20日	-6.7%	7万年

注：S&P500指数。1位のブラックマンデーの変動率について、本文ではダウ工業株指数の下落率－22.6%を使用しているため、表とは少し数値が異なっている。

は、それも一瞬にすぎない。さて、ここで当然疑問が生まれてくる。ブラックマンデーは1阿僧祇年に一度のデキゴトがたまたま1987年10月19日に起きただけなのだろうか。

どんなに稀なことも絶対に起きないと言い切ることはできないとはいえ、あまりにも確率が低すぎて、簡単には想定しづらい。そこで、他に参考になる情報がないか探してみる。

図9は、1950年以降で米国株価の一日当たりの変動率が大きい日を上位15位まで順番に並べたものだ。

それぞれ単純な正規分布を前提にした計算で、平均して何年に一度発生する規模のものかを示している。この上位15例はいずれもここ20年間のうちに起きているのだが、この図によれば、第15位でも計算上は7万年に一度しか発生が想定されない規模のものだということがわかる。ここまでくれば明らかだろう。正規分布を前提として計算した発生確率は、恐ろしいほどに的外れなのだ。つまり、**極端に大きな株価変動は、正規分布の前提で計算するよりもはるかに頻繁に発生している。**

第1章では、株価変動をランダムなものと想定して、正規分布によってリスクを計測する考え方を示してきた。それは完全な間違いだったのだろうか。いま一度整理してみよう。図10は実際の株価変動の頻度分布である。

正規分布よりも中心部分が高くなっているという特徴はあるが、左右に適度にばらけ、中心から離れるにしたがって発生確率がゼロに近づいていくという正規分布の性質は十分に現れているといえるだろう。つまり、全体として株価変動を正規分布に見立てることは、それほど的外れだとはいえない。

少なくとも、「株価の変動はランダムウォークに近い動き方をするので、プロでも予測できない」という話をする分には、十分に通用するのである。

だが、こうした全体的な印象論では見落としてしまいがちな稀なデキゴトに焦点を当て

図10　米国の月間株価騰落率（1950年〜）

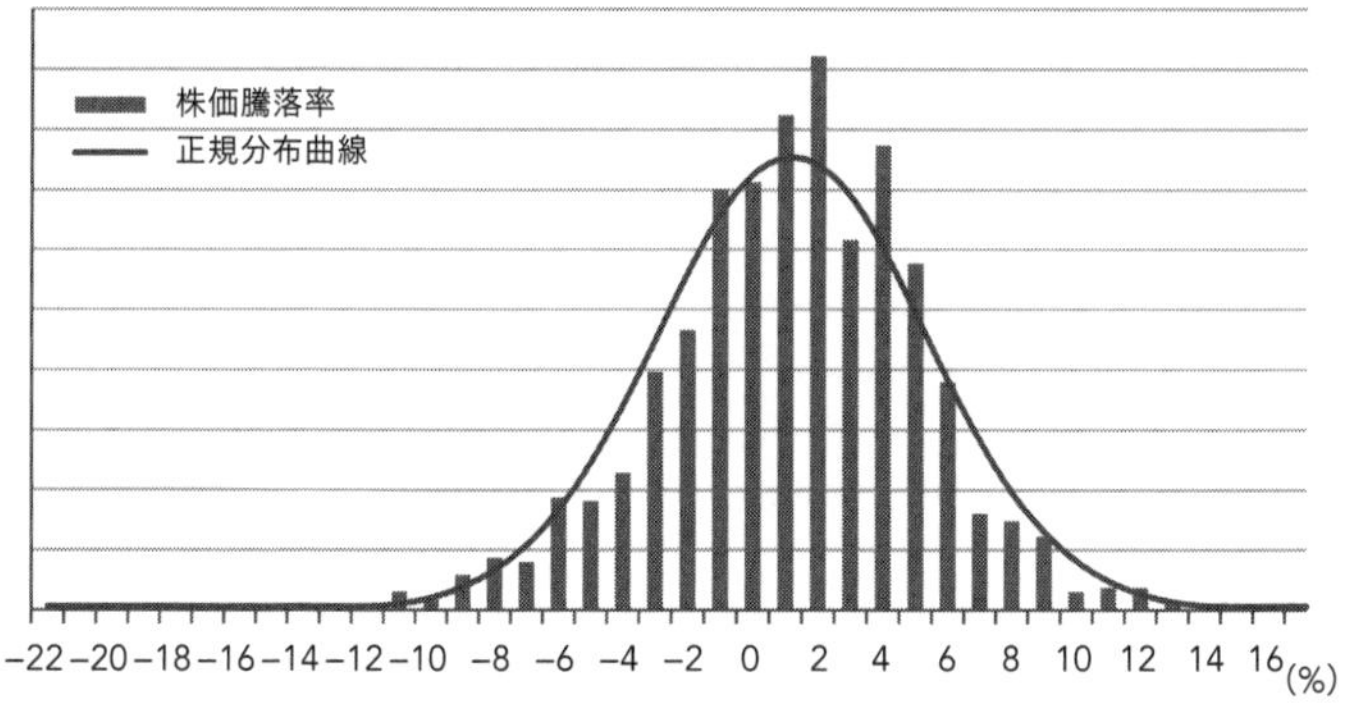

Yahoo USA Financeより筆者作成

始めたとたんに、正規分布が完全な的外れとなる世界が広がってくる。

リスク管理では、致命的な事態に陥ることを避け、一定の確率で生き残ることを目指すのが主目的だった。だが、致命的な損失をもたらす事態の発生確率が想定よりもはるかに大きなものであれば、そうした考え方の根幹をゆるがすものとなる。事実、こうした正規分布に当てはまらない極端なデキゴトこそが、現在のリスク管理における最大の課題となっているのである。

これはファットテール問題とも呼ばれている。ファットテールとは、**稀にしか起きないと考えられている極端なデキゴトが、実際には頻繁に起きることを意味している。**もともとは「分厚い裾」というような意味の言葉で、「裾」は正規分布で中心から離れた左右の両端のところを指している。正規分布を富士山にたとえれば、その裾野に当たる部分だ。この「裾」が正規分布で想定されるよりも分厚い（つまりは発生確率が高い）ということから、ファットテールと呼ばれるようになった。

正規分布で表されるものでも、稀なデキゴトが起きることはある。年当たりの発生確率が一万分の一のデキゴトは、平均して1万年に一度は起きる。ファットテールは、そう考えていたデキゴトが実際にはもっと頻繁に、たとえば10年に一度起きていることを示すものだ。つまり、ファットテールが存在するということは、**極端な事象が起きる確率を正規分布では正しく捉え切れない**ことを意味しているのである。

さらにいえば、**正規分布で稀なデキゴトの発生確率を正しく見積もることができないのであれば、そのデキゴトはランダムな動きの積み重ねとは別の要因から生まれていることになる**。なぜなら、ランダムな動きの積み重ねは正規分布で表せるはずだからだ。こうして、ランダム性以外の要因に起因する新たな不確実性の存在が浮かび上がってくることになる。

べき分布の出現

新たな不確実性がなぜ生まれるのかについてはこの後で考えていくことにして、まずは、正規分布とは異なるもうひとつの確率分布の話をしておこう。それは、極端な事象が頻繁に発生すること、すなわちファットテールをうまく表すことができると考えられているもので、「べき分布」と呼ばれている。

前章では、身長や学力、あるいは（全体としてみた場合の）株価変動は、概ね正規分布に従っているように見えるということを述べた。ところが、我々の身の回りにはもうひとつよく見られる分布の形状がある。それがべき分布だ。

「べき」というのは、「xのa乗」などいわゆる累乗によって表される値のことである。べき分布は、ある事象が起きる頻度または確率が、何かの値の「べき（＝累乗）」によって表されるものをいう。さて、数学的な定義はこれくらいにしておいて、とりあえず、べき分布とは、稀な事象の発生確率が正規分布のようには減少していかないものだと考えてもらえばよい。

たとえば、地震のエネルギーの大きさと発生頻度の関係は、このべき分布に従うと考えられている。地震は、エネルギーの小さなものが頻繁に起こり、エネルギーの大きな地震はそれほど頻繁に起こらない。ここまでは、正規分布とたいして違いはない。しかし、「べき分布に従う」という場合には、地震のエネルギーが大きくなっていったときに、その発生頻度は下がっていくものの、その下がり方が緩やかで、なかなか下がり切らないことを意味する。つまり、エネルギーがけた外れに大きい巨大地震も、それなりの頻度で（正規分布で想定されるより頻繁に）起きることになる（図11）。

他の例もいくつか見てみよう。たとえば、所得の分布は、正規分布ではなくべき分布に従っている実例のひとつと考えられる。P88の図12は、給与所得の分布を示したものだ。やはり、平均からかけ離れた高額の所得を得ている人が、それなりに存在する。

べき分布の性質を多面的に理解するために、少し表現を変えてみよう。所得の上位x%という場合のxを一定の割合で小さくしていくと、そのx%の人が得ている所得の額が一定の倍率で膨らんでいくのだ。たとえば、このデータでは、所得の上位5%の人はおよそ950万円以上の所得をもらっている。xを五分の一にして上位1%でみると、その所得は60%以上増えて1，500万円以上となる。

同様に、xをまた五分の一にして上位0・2%をみると、やはり所得は60%近く増えて2，500万円以上となる。

母数が十分に大きい場合には、こういうふうにxを一定割合で絞っていっても、該当す

図11　正規分布とべき分布

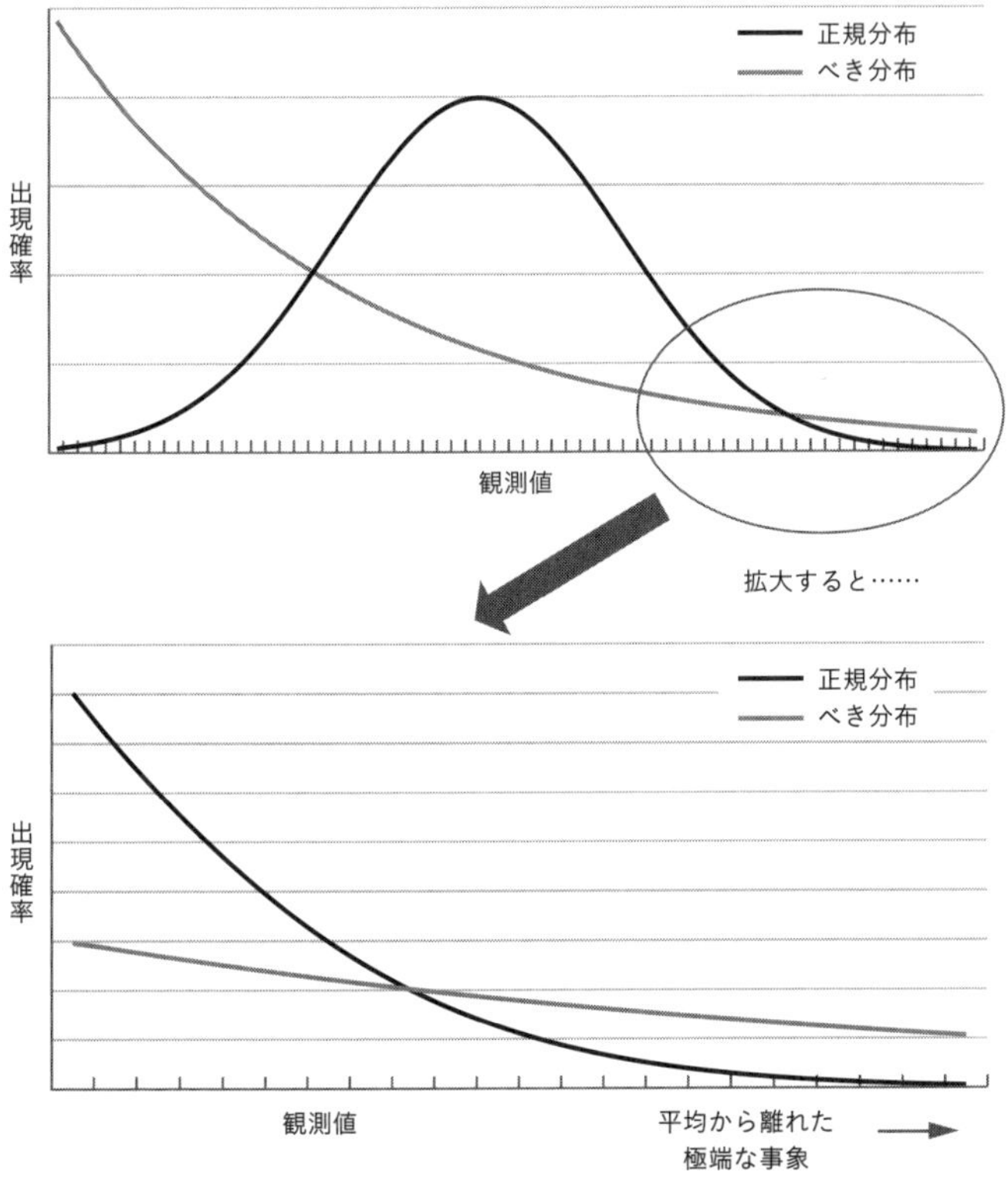

べき分布では、観測値が平均から離れていっても、出現確率が正規分布ほど低下しない

||

極端なデキゴトが起きやすい！
（ファットテール）

図12　給与所得分布に見られる“べき分布”

所得帯	人数（千人）
100万円以下	4,178
200万円以下	7,214
300万円以下	8,029
400万円以下	8,241
500万円以下	6,633
600万円以下	4,502
700万円以下	2,804
800万円以下	1,896
900万円以下	1,250
1,000万円以下	821
1,500万円以下	1,483
2,000万円以下	306
2,500万円以下	95
2,500万円超	111

平均から離れた高額所得者がそれなりにいる！

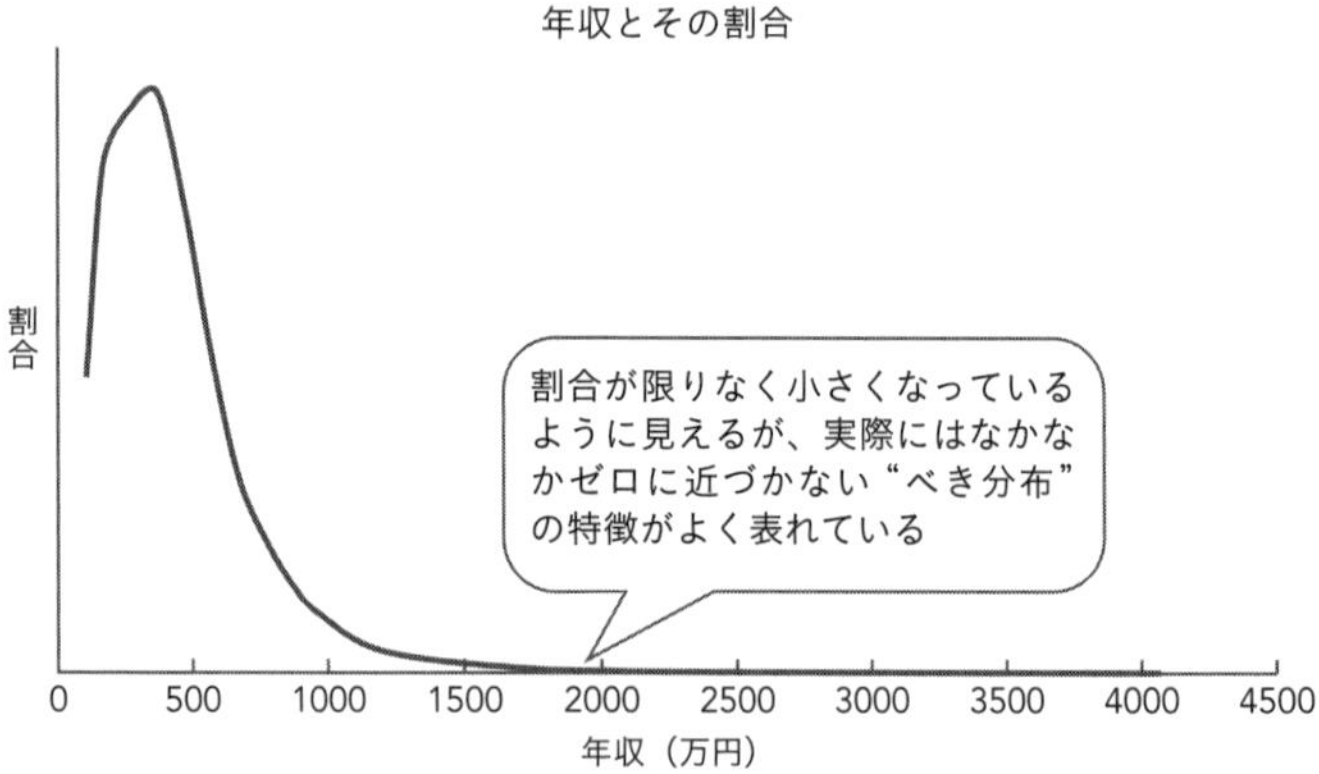

出典：民間給与実態統計調査（国税庁）平成26年分
（グラフは同データから筆者による調整を加えたもの）

る人数はなかなかゼロにはならない。一方で、xを絞るたびに所得の額は一定の比率で増加していくので、やがて平均から大きく離れた高額報酬を得る人がそれなりに現れるようになる。

企業内での昇格や昇給を考えてみるとイメージがしやすいと思う。一般社員の中から管理職に昇格する人は一定の割合しかいない。そして、昇格すると給料はそれなりの割合で増える。以後も、企業内の階層を上がるたびに、何らかの比率で人数が絞られ、同時に何らかの比率で昇給する。一般社員から何階層も上がったところにいる役員も必ず一定の人数が存在し、給料は一般社員よりもかなり高い。最後に、組織のトップである社長も、必ず一人存在し、その給料は一般社員の給料より何倍も高くなる。

こうした構図は基本的に万国共通だ。ただし、日本では大企業の社長の年収は平均して一般社員の10倍くらいだが、これが米国の大企業になると、ＣＥＯ（最高経営責任者）の年当たり平均報酬が10億円以上となり、一般社員のおよそ３００倍にもなる。

人が持って生まれた能力は、前にも触れたとおり基本的には正規分布に従っていると考えられている。たとえ社長やＣＥＯが人並み外れた能力を持っていたとしても、さすがに普通の人の10倍とか３００倍の能力を持っているとは考えられない。身長が16メートルや

480メートルの人がいないのと同じことだ。つまり、所得の分布は、能力の分布をそのまま反映していない。組織や社会における役割に応じて、それとはまったく別の形の分布となっているのである。

企業価値を例にしても、まったく同じような傾向が見られる。

図13は、企業価値を示す時価総額の大きさを順位に従って並べたものだ。今まで見てきた頻度グラフとは少し違うものだが、これもべき分布の特徴のひとつをよく示している。順位が上がるにしたがって、時価総額はますます大きくなっていき、最上位の企業は平均からかけ離れた巨大企業となっているのだ。

ここで、あらためて、べき分布の特徴をまとめておこう。

・平均から離れたデキゴトが起きる確率は逓減していくが、正規分布ほどには減っていかない

・その結果、平均から大きく離れた極端なデキゴトが、正規分布で想定されるよりもはるかに頻繁に起きる

図13　企業時価総額の分布（2015年10月）

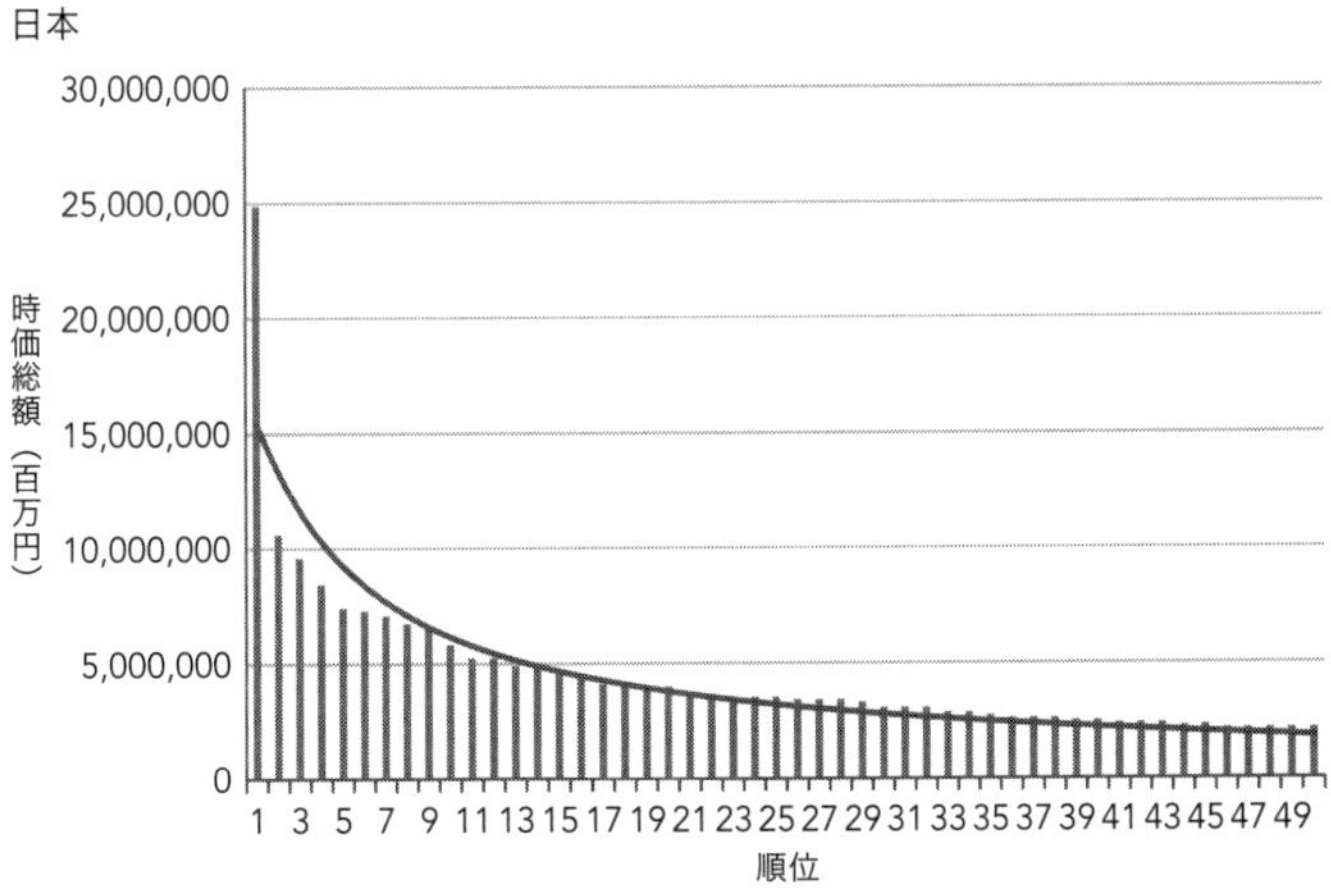

Yahooファイナンスより筆者作成

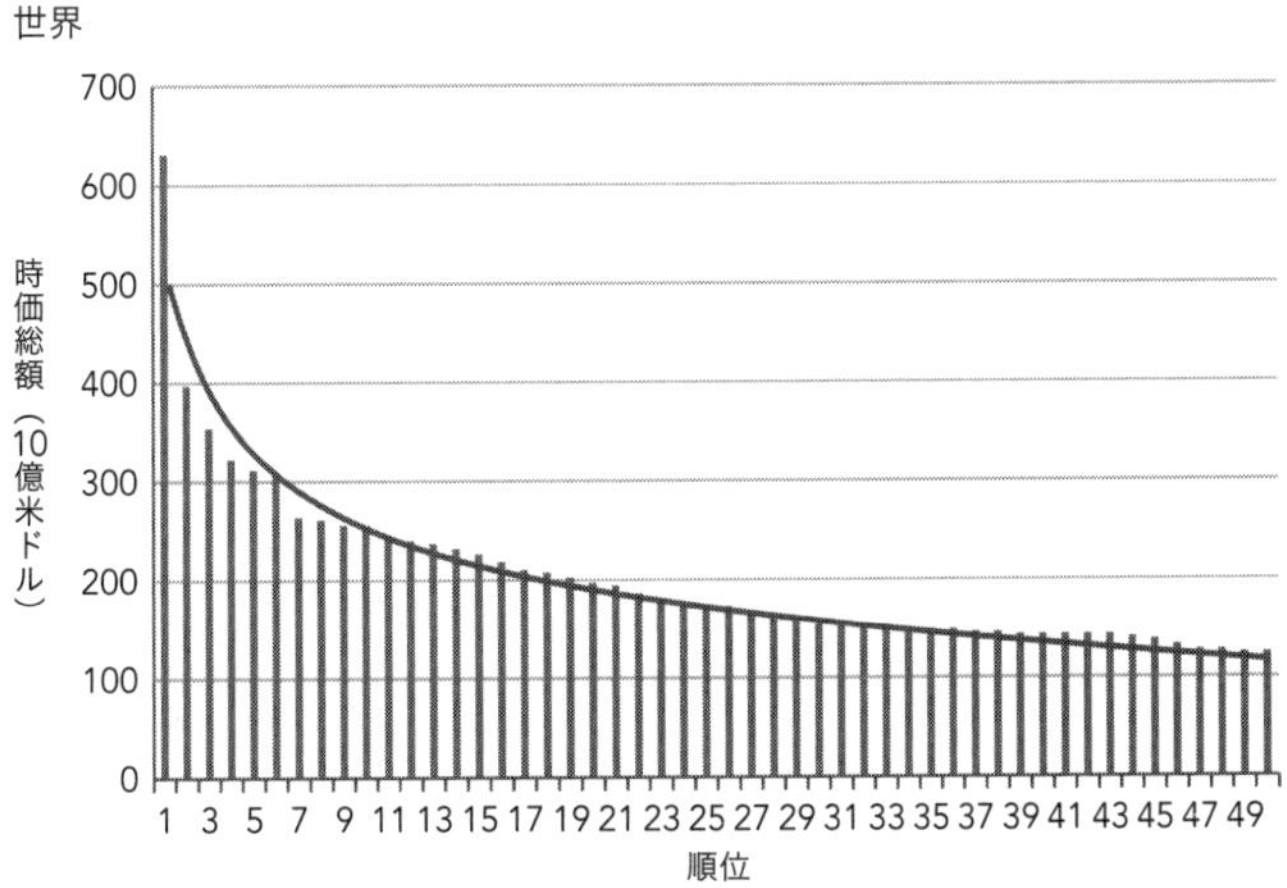

180 Total Market Value Rankingより筆者作成

・見方を変えて、発生確率を一定比率で絞っていくと、その絞った確率で起きるデキゴトはどんどん平均から離れた極端なものになっていく

・順位で並べると、上位にいけばいくほど極端さが増していき、最上位階層は平均から大きくかけ離れた存在となる

前項で取り上げた株式相場にこれを当てはめて、株価変動の確率分布をあらためて考えてみよう。そうすると、**全体としては正規分布に形状が似ているものの、その分布の「裾」、すなわち大きな価格変動が起きるエリアでは、その発生確率の分布は先で述べたべき分布の性質を持つようになっていく**と考えられるのだ。それは極端な株価変動が頻繁に起き、ときにはブラックマンデーのような大暴落さえ発生することと整合している。

ここで、不確実性の定義として有名な「ナイトの不確実性」というものを簡単に紹介しておこう。

この定義を提唱したフランク・ナイトは、結果は予測できないものの、その発生確率が推定できるものを「リスク」と呼び、発生確率すら推定できないものを「不確実性」と定義した。後者が「ナイトの不確実性」と呼ばれるものである（本書では、ナイトが「リスク」

と呼んでいる部分も不確実性のうちに含めて話を進めている）。今ここで取り上げようとしている第二の不確実性は、まさにこの「ナイトの不確実性」に相当するものと考えられる。

ランダム性に起因する不確実性は正規分布に従う。正規分布は、平均と標準偏差というふたつのパラメータを持つひとつの決まった式であらわされる。ふたつのパラメータが特定できれば、確率分布も特定できる。だから、どのようなデキゴトがどのくらいの確率で起きるかも計算できる。つまり、「ナイトのリスク」の定義に当てはまる。

ところが、べき分布の場合は同じことがいえない。べき分布には、式が「べき（＝累乗）」で表されるという共通項はあるものの、その式にはいくつものパターンが存在し、その式を用いて確率を計算するためには、これまたいくつものパラメータを推定する必要がある。事後的に、過去のデータに整合的になるように式やパラメータを推定することはもちろん可能だが、それによって**将来起きる極端なデキゴトの発生確率を必ずしも測定できるようになるわけではない**。

たとえば湖に調査に出かけ、そこで観察した白鳥（Swan）がすべて白かったとしよう。そこで「白鳥（Swan）はすべて白い」と考えることが、過去データに基づく推定に相当する。だが、調査した白鳥がすべて白かったからといって、黒い白鳥（Black Swan）が存在しないことの証明にはならない。

この黒い白鳥のたとえ話から〝ブラックスワン〟という言葉は、過去に起きたことのない極端なデキゴトが起きることを象徴する意味でしばしば用いられる。ファットテール現象のなかでもとくに極端な事象を指すものだ。この〝ブラックスワン〟[※7]からも窺えるように、ファットテール現象は、信頼に足る確率の推定ができないという点で、「ナイトの不確実性」に相当するものと考えられるのである。

このように極端なデキゴトの発生確率を推定することが現実的に困難であることは、不確実性への対処を考えていくうえで重要な点になるので、頭にとどめておいてほしい。さて、次はこの第二の不確実性がどのように生まれるのかを探ってみよう。

何がファットテールを生むのか

原因不在の株価大暴落

ファットテールの発生メカニズムを考えるためには、まずその最も端的な事例であるブラックマンデーがどのように起きたのかを考えてみるのがよいだろう。この史上最大の暴落劇はどうして起きたのだろうか。

これほどの大変動であったからにはよほどの原因があったに違いない。そう考える人は多いはずだ。実際に、多くの分析が行われ、さまざまな原因が取り沙汰されてきた。株価が高くなりすぎていた、米国の利上げが原因となった、ポートフォリオ・インシュアランス[※8]と呼ばれるシステム売買が引き金を引いた、等々だ。ところが、実際のところ、どれもこれほどの大暴落が起きたことに対しての納得できる説明とはなっていない。

株価があらゆる指標から見てブラックマンデー発生当時よりも高いのに暴落が起きなかったことはいくらでもある。

米国では過去に数え切れないほどの利上げが行われてきたが、ブラックマンデー級の暴落など他にはただの一度も発生していない。

ポートフォリオ・インシュアランスやそれに類したシステム売買は当時から今日に至るまで毎日行われているが、なぜそれが１９８７年10月19日に限って大暴落を引き起こしたというのか。

※７　ナシーム・ニコラス・タレブ『ブラック・スワン』を参照のこと。
※８　株価が下がると損失の拡大を防ぐために持ち株を売るというプログラムが組み込まれた自動売買手法。

また、これらの要因をいくら組み合わせてみたとしても、やはり暴落を引き起こした明確な原因は浮かび上がってこない。

つまり、**ブラックマンデーという史上最大の暴落は、納得できるような明確な原因なしに起きた**というのが、正直なところなのである。逆にいえば、**予測可能な明確な兆候がなくても、これほどの大暴落が発生しうる**ということになる。

ただし、原因が明確でないとしても「どのようにして暴落が広がっていったか」というプロセスについては、ある程度わかっている。そしてそれは、ブラックマンデーに限らず、過去に株式市場で起きたすべての暴落劇に共通するものだ。「売りが売りを呼ぶ」というプロセスである。

このプロセスには、実際にはさまざまなタイプの投資家が複雑に絡んでくるのだが、ここでは、代表例として二例だけ挙げよう。

まずは、信用取引で株を買う投資家である。信用取引で株を買うというのは、要するに証券会社からお金を借りて株を買うことだと考えてもらえばよい。たとえば、自分で用意した100万円に、証券会社から借りた200万円をプラスして300万円分の株を買う。

株価が10％値上がりすれば、300万円の10％で30万円の利益が出る。自分で用意した自己資金100万円に対する利益率は30％だ。株価の上昇率が10％なのに、信用取引を活用することで利益率は30％となるのである。

これをレバレッジ効果という。外国為替証拠金取引（ＦＸ取引）になじみがある読者はそれをイメージしてもらってもいい。ＦＸ取引にも自己資金の何倍分もの取引をすることが可能となる仕組みが備わっており、レバレッジ効果を効かせた投資が可能になっている。

このレバレッジ効果は、利益だけではなく、損失においても同様に効く。つまり、株価が下落した場合には、その下落がレバレッジの分だけ膨れ上がって自己資金の損失率に跳ね返ってくる。

一方、お金を貸している証券会社にとっては、投資家が損失を発生させても、投資家自身が用意した自己資金が残っている限り、損失はその自己資金の目減りにつながるだけで、貸したお金の返済には支障が生じない。投資家の自己資金が、証券会社にとってのバッファーとなっているのである。ところが、株価が下がり続けて損失が拡大していくと、やがて投資家の自己資金は底をついて、証券会社が貸したお金の返済原資にまで損失が及ぶようになる。それを防ぐために、証券会社はバッファーとなる自己資金の水準が一定以上になるように常にコントロールをしている。つまり、株価が下がって自己資金が目減りし始めると、投資家に自己資金をさらに積み増すように求めるのだ。これが「追証《おいしょう》」といわれるものである。

この追証に応じられない投資家は、買っていた株を即座に売却して証券会社に借りたお金を返さなくてはならない。こうした仕組みによって、株価が一定以上に下がっていくと、追証に応じられない投資家からのやむにやまれぬ売りが増えていくことになるのである。そして、株価が下がったことによって生じたこの売り自体が、新たな株価下落の要因となっていく。

次に取り上げる投資家は、リスク管理を徹底している金融機関やファンドなどだ。こうしたプロの投資家は、損失が雪だるま式に膨らむことを避けるため、リスク管理のためにさまざまな社内ルールを作っている。たとえば損失が一定水準に達したら、保有しているものをすぐに売却する、というようなものだ。

また、銀行や証券会社であれば、当局によって保有するリスクの量を一定以下に収めるように規制を受けている。株価が急激に下落すると、保有株のリスクが大きいと判断されて、やはり保有しているものを売らなければならないケースが出てくる。

いずれにしても、株価が下落して保有する株式に損失が発生する状況になると、こうした種々のリスク管理ルールや規制によって保有株を売却しなければならなくなるのだ。このリスク管理のための売りが、やはり新たな株価の下落要因となる。

このように、株価が下がると株を売らないといけない投資家が出てきて、そのためにさらに株価が下がる。そして、それによって株価がさらに下がると、また新たに別の投資家が株を売る必要に迫られるという具合に、連鎖的な反応が生まれる。これが「売りが売りを呼ぶ」といわれるプロセスである。


実際には、こうした売りの連鎖が始まるかどうかはさまざまな要因に左右される。

自分が投入できる資金を目いっぱいに投入して信用取引を行っている投資家が多ければ多いほど、株価が下落したときに追証に応じ切れなくなって株の売りが出やすくなる。プロの投資家がやはり目いっぱい株を買っていればいるほど、彼らのリスク管理上の要請による売りが出やすくなる。強気とか弱気といった市場のムードといわれる定義の難しい投資家の集団心理のようなものも、この「売りが売りを呼ぶ」プロセスが動き始めるかどうかに影響を与える。

そうしたさまざまな要因によって、ある一定の株価の下落が起きたときに、それが「売りが売りを呼ぶ」プロセスを発動させて思いもかけない大きな株価下落につながることがあるというわけだ。ただし、そうなることもあれば、そうはならないこともある。

ここで重要な点は、「売りが売りを呼ぶ」プロセスが発動されるきっかけとなる最初の株価下落が、明確な理由によって引き起こされたものである必要はないということだ。**だから、たまたま起きただけのランダムな株価下落が、このプロセスを引き起こす可能性もある。**

さらにもうひとつ重要な点は、**「売りが売りを呼ぶ」プロセスがいったん始まると、それがどこで止まるかはわからない**という点である。ある程度株価が下落したところでこのプロセスがぴたりと止まることもあれば、連鎖反応が延々と続いて大暴落にまで発展することもある。

実際に、ブラックマンデーは、原因があまり明確ではない株価下落をきっかけとして「売りが売りを呼ぶ」プロセスが連鎖した結果に生じた、原因のない大暴落だったのである。

結果が結果を生む

ここで、株価暴落を招く「売りが売りを呼ぶ」プロセスを、前章で取り上げたランダムウォークと比較してみよう。

ランダムウォークは、一つひとつはまったく方向性のないランダムな動きの積み重ねであった。それでも、たまたま同じ方向の動きが積み重なることで極端な結果が稀に生じる。ところが、「売りが売りを呼ぶ」プロセスには、方向性が存在する。株価が下がったことがさらなる株価下落の原因となるのだから、たまたま同じ方向の動きが積み重なる場合よりも、はるかに頻繁に極端な結果が生じることになる。これが、ファットテールを生み出す大きな要因となるのだ。

べき分布に従う他の事例も考えてみよう。まずは所得の水準だ。先ほども述べたように、会社内での昇進で、組織の階層を一段ずつ上がっていくにしたがって何かしらの割合で人数が絞られて、一方で何かしらの割合で昇給すると考えると現実の所得分布を説明できる。このとき、昇給額の幅は、階層を上がるにつれてどんどん大きくなっていくことになる。

元の年収が５００万円の人が一段階昇格したときに６００万円に昇給するとしたら、元の年収が１０００万円の人が一段階昇格すると１２００万円になる、という具合だ。

つまり、もともと高収入を得ていた者ほど大幅な年収アップの機会に恵まれるということになる。このような「高収入が高収入を呼ぶ」プロセスが、所得のべき分布を形成していると考えられるのである。

企業価値についても同様で、似たようなメカニズムがやはり存在する。それは「成功が成功を呼ぶ」プロセスだ。

パーソナルコンピュータ（PC）時代の覇者となったマイクロソフトの飛躍のきっかけは、IBM製のPCに、重要な基本ソフトウェアであるOS（オペレーティング・システム）を提供したことだった。当初IBMは、デジタルリサーチ社という別の会社にOSの提供を持ちかけていたのだが、この契約がまとまらなかったため、マイクロソフトにお鉢が回ってきたのである。だがマイクロソフトは、幸運によって舞い込んだこの成功をきっかけに巨大企業に飛躍していく。IBM製のPCはやがて業界標準となり、それに伴ってマイクロソフトのOSも業界標準となった。OSが業界標準となったことは、ビジネス展開のうえで非常に有利な立場をマイクロソフトにもたらす。そして、その有利な立場を徹底的に利用することで、マイクロソフトは「成功が成功を呼ぶ」プロセスに見事に乗ったのだ。

このようにひとつの成功がその後の大きな成功の土台となることは、ビジネスの世界の至るところにみられる。もちろん、成功した者が次もまた必ず成功するとは限らない。だが、何らかの割合で、小さな成功をより大きな成功に結びつけることができる企業が現れる。そして、さらにその中から、やはり何らかの割合で、大きな成功をもっと大きな成功に結びつける企業が現れる。そして、成功の階段を上がるごとに、得られる成果はますます大きなものとなっていく。

こうしたプロセスの連なりによって、数はわずかでも、平均から大きく離れた巨大企業が出現することになる。これが、企業価値におけるべき分布を作り出すのである。

以上で見てきたように、**べき分布を生む事例に共通してみられるのは、ある結果が生まれたときに、その結果が原因となって結果が再生産されるという自己循環的なプロセスである。**この結果が結果を生むプロセスは、**フィードバック**と呼ばれている。次項で、少し詳しくこのフィードバックについて整理していくことにしよう。

〝予想外〟を生むフィードバックのメカニズム

結果を増幅するフィードバック、抑制するフィードバック

フィードバックとはさまざまな意味で用いられる言葉であるが、一般的にいえば、**あるプロセスから生まれたアウトプットを、そのプロセスのインプットとして戻すこと**をいう。

簡単な例で示そう。

ここに、x＋1という式がある。最初にx＝1を代入してみると、結果は1＋1＝2となる。次にその結果である2をもう一度xに代入、つまりインプットに戻して再計算をしてみる。今度は2＋1＝3だ。このように結果が原因となって新たな結果が生まれるのがフィードバックである。

これをさらに繰り返していくことも可能で、3＋1＝4、4＋1＝5というようにフィードバックが繰り返されることを、フィードバック・ループと呼ぶ（図14）。

前項で見たようなべき分布の背後にある「結果が結果を生む」プロセスは、まさにこの

図14　フィードバックループとは

原因から結果が生まれる

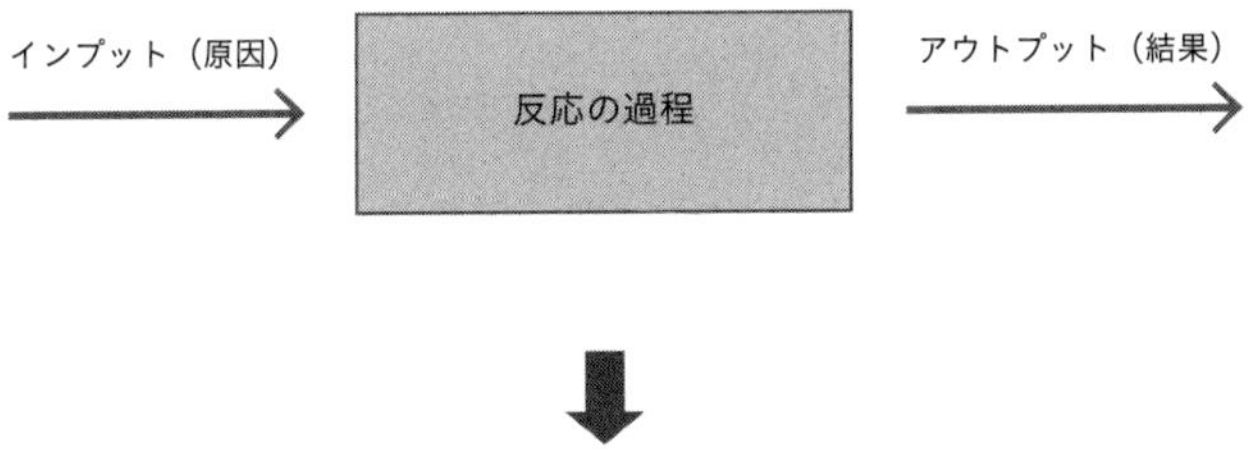

結果が原因となって、新たな反応が始まる

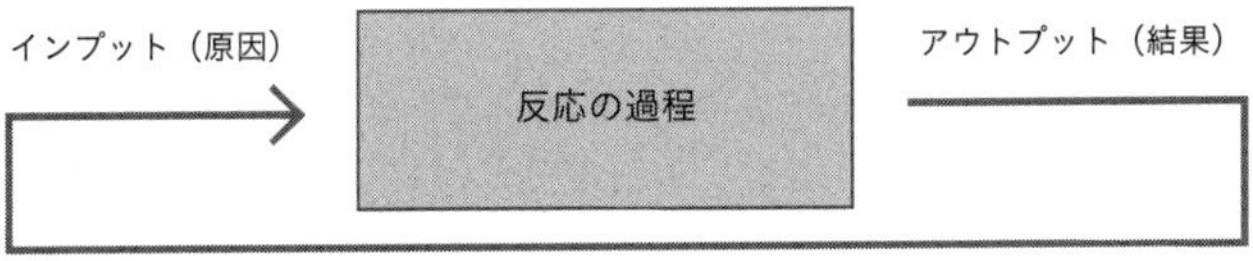

⇒　これが延々と続いていくのが、フィードバック・ループ

フィードバックの一種なのである。
株の暴落を引き起こす「売りが売りを呼ぶ」プロセスでは、誰かの売りによって株価が下がるという結果が、今度は原因となって、新たな株の売りを誘発して株価がさらに下がるという新たな結果を生む。このプロセスはループ、すなわち循環構造を生みやすく、株価が下がる→売りが誘発される→株価が下がるというプロセスが、登場人物を入れ替えながら延々と続く可能性がある。その結果として、極端な株価の下落が生じる。

こうした連鎖反応は、悪い方向だけに作用するものではない。第3章で詳しく見ていくバブルのように、株価上昇が株価上昇を呼ぶという上方向にフィードバックが作用することもある。「高収入が高収入を呼ぶ」プロセスも「成功が成功を呼ぶ」プロセスも、どちらも良い方向に作用するフィードバックだ。いずれの方向であるにしても、**ある結果が原因となって、次々と結果が再生産されていき、やがて平均から離れた極端な結果へと行き着く**。ただし、フィードバックがすべてファットテールやべき分布を生むわけではない。

フィードバックには大きく分けてふたつの種類があり、ここで見てきたような結果を増幅させていく方向に働く自己増幅的なフィードバックは正のフィードバックと呼ばれている。良い方向に作用するものか悪い方向に作用するものかは問わず、いずれにしても結果を増幅させるのが正のフィードバックだ。

これに対して、自己抑制的な負のフィードバックというものも存在する（正、負という言葉が紛らわしいので、本書では基本的に自己増幅的、自己抑制的という言葉を使う）。

自己抑制的フィードバックの簡単な例として、x×−1という式を考えてみよう。最初にx＝1を代入すると結果は1×−1＝−1となる。次に、その結果を再びxに代入すると−1×−1＝1という新たな結果が得られる。これも、結果が原因となって新たな結果が生まれるフィードバックのひとつなのだが、先ほどの自己増幅的フィードバックと違って、結果が抑制されるため、極端な結果には行き着くことがない。こちらのフィードバックも、現実の世界では頻繁にみられるものだ。

たとえば、株価の変動では、株価が下落した後に、それまで株を買いそびれていた投資家が買いに殺到して、株価が反転上昇するケースがある。これが、自己抑制的フィードバックに該当する。株価が下がったという結果が原因となって投資家の購入意欲を高め、それが株価の反転上昇という新たな結果を生むのだ。

一方、株価が上昇した場合には、利益を確定しようという投資家の売りが出て、株価が反落するという形で自己抑制的フィードバックが現れる。このふたつのプロセスが連鎖して、株価が上がると反落し、株価が下がると再上昇するという動きが延々と続いていくこともある。その結果、株価は一定の範囲で上下動を繰り返す〝揉み合い〟と呼ばれる相場展開を示す。

自己増幅的フィードバックがときとして極端なデキゴトを生み、それがファットテールやべき分布となるのとは対照に、この**自己抑制的フィードバックは極端なデキゴトの発生を抑制し、安定した平均的状況に押し戻そうとする作用を持つ。**

さて、ここまで、フィードバックには「自己増幅的フィードバック」と「自己抑制的フィードバック」があることをみてきた。それでは、このフィードバックがなぜ不確実性を生むことになるのかを次に考えてみよう。

予測が不可能となるメカニズム

フィードバックは、あくまでも原因があって結果が生まれるという構造を持っていて、その点では我々になじみやすい因果関係に基づいたメカニズムの一種である。原因と結果が直接に結びつかないランダム性とは、そこが明確に違っている。

だとすれば、次のような疑問が生まれてくるかもしれない。原因があって結果が生まれるのならば、予測は可能なのではないか。なぜ、そこに不確実性が生まれるというのだろうか。

第一のヒントは、フィードバックには異なる結果を生むいくつものパターンが存在するという点だ。自己増幅的フィードバックと自己抑制的フィードバックというふたつの相反するメカニズムがあり、自己増幅的なフィードバックの中でも、上向きと下向き（あるいは、良い方向と悪い方向）のふたつのものがある。どのフィードバックが起動するかがわからなければ、結果を予測することはできない。

さらに、そこに第1章で述べてきたランダムな動きも絡んでくる。現実の世界では、ランダムな変動とフィードバックは独立したものではなく、混在している。因果関係を持たないランダムな変動が、いずれかのフィードバックをランダムに引き起こすという役割を果たすのである。

ここで、株価がランダムに変動している状況を思い浮かべてみよう。次の瞬間に株価が上昇するか下落するかは、ランダムなのだから予測ができない。

もし株価が下落したら、それが自己増幅的フィードバックを起動させて価格下落の連鎖を引き起こすかもしれないし、自己抑制的フィードバックが勝って株価は元に戻るかもしれない。逆にもし株価が上昇したら、価格上昇の連鎖が起きるかもしれないし、元に戻るかもしれない。

たしかにフィードバックは因果関係によって成り立っている。そこに影響を及ぼすすべての要因が正確にわかっていれば、結果を予測することはできるかもしれない。すべての要因を完璧に知ることは現実的には極めて困難であるとしても、少なくともラプラスの悪魔ならばそれが可能となる。だが、それもランダムな動きが絡まない場合に限った話だ。ランダムな変動がフィードバックの過程に影響を与え始めたとたんに、フィードバックの過程に影響を与えるすべての要因を正確に知ることはできなくなる。第1章で論じたように、量子力学で記述される〝真のランダム性〟がフィードバックの過程に影響を与えているとしたら、フィードバックの結果を予測することは、ラプラスの悪魔ですらも不可能となる。

では、フィードバックの起点となる最初の動きがわかった時点で、次にどのようなフィードバックが起動されるのかはわからないのだろうか。たとえば、最初に株価が下がったとして、自己増幅的フィードバックと自己抑制的フィードバックのどちらが勝るのかはなぜわからないのだろう。

現実の株式市場では、何らかの理由で株価が下落すると、新たな売りが誘発されると同時に、新たな買いも誘発されるのが普通だ。「株価の下落」というデキゴトに対する投資家の反応は一種類ではなく、別々のパターンが同時に発生するのである。つまり、株価の下落を増幅しようとする力と、それを抑制しようとする力が同時に存在する。そして、新たな売りが優勢になれば自己増幅的フィードバックが勝り、新たな買いが優勢になれば自己抑制的フィードバックが勝ることになるわけだが、**どちらが勝るのかはほんのわずかな違いによって決まり、ここでもときにランダムな要因が決定的な影響を与える。**

こうした状況は、イメージとしては摂氏０度ちょうどにおける水と氷の関係にたとえることができる。一気圧のもとでは、水は摂氏０度で凍って氷となる。一方で、氷もまた摂氏０度で溶けて水になる。水が氷になるプロセスと、氷が水になるプロセスという異なるプロセスが同時に存在し、せめぎ合っているのである。その結果、ふたつのプロセスは不規則に揺らぎ、どちらのプロセスが強く現れるかを正確に予測することができない。

株式市場における自己増幅的フィードバックと自己抑制的フィードバックにも、同じようなせめぎ合いや揺らぎが生じていると考えることができる。その結果、最初の株価下落がわかった後でも、自己増幅的フィードバックと自己抑制的フィードバックのどちらが勝るのかを正確に知ることはできないのである。

さらに続きを見てみよう。ここまでは、どのようなフィードバックのメカニズムが起動されるかをあらかじめ予測できないという話だった。次の段階は、実際に何らかのフィードバックが引き起こされた後のことだ。

フィードバックはいったん起動するとフィードバック・ループという繰り返しの動きをもたらす性質があるということだった。だとすれば、あるフィードバックがいったん優勢になったことがわかれば、それがしばらく続くと予測することはできるのではないか。

この点については、実はそのとおりなのである。フィードバックが生む不確実性は、ランダム性に起因する不確実性とは違って、部分的には予測可能性を秘めている。だが、その予測可能性は、我々が求めているような厳密で断定的な予測にはなりえない。

ここでも、水と氷のイメージが役に立つだろう。摂氏0度の揺らぎの中では、あるときは水が氷になるプロセスが強く現れ、またあるときは氷が水になるプロセスが強く現れる。だが、ふたつのプロセスの片方が完全に消えることはなく、ふとした瞬間にどちらが優勢になるかが切り替わる。

つまり、現時点でどのフィードバックが強く現れているかがわかったとして、あくまでもそのフィードバックがしばらく続く可能性が、ランダムな動きのときよりも高まっているはずだということがわかるだけである。だから「株価が大きく下落して売りが売りを呼ぶプロセスが連鎖しているように見えるので、これが続いて予想外の暴落に発展する可能性がある」と言うことはできても、その連鎖反応がいつまで続くのか、本当に暴落に至るのか、断定的なことまでは言えないのである。

ここで、フィードバックが生む不確実性について簡単にまとめておこう。

・自己増幅的フィードバックは結果を増幅し（良い方向に増幅する場合と悪い方向に増幅する場合がある）、自己抑制的フィードバックは結果を抑制する方向に作用する

・だが、どのフィードバックが優勢になるかはとても複雑で、ランダムな変動もそこに影響を及ぼすために、前もって予測することはできない

・フィードバックは循環的なフィードバック・ループを形成することがあるため、いったんいずれかのフィードバックが優勢になったら、それがしばらく続く可能性が高いだろうと予測することは可能である

・　ただし、フィードバック・ループがいつまで続くかを予測することまではできない

こうして、異なるフィードバックの間の〝揺らぎ〟と、ランダムな要因による作用が相まって、**個々のプロセス自体は予測可能なはずなのに、全体としてみれば予測が不可能と**いう状況が生まれる。これが、フィードバックが生む第二の不確実性なのである。

予想をはるかに上回ったサブプライムローン危機

フィードバックのうち、自己増幅的フィードバックはときに予想をはるかに超える事態を引き起こす。具体的な例をひとつ挙げてみよう。世界経済に大きな影響を与えたサブプライムローン危機である。

2000年代前半の米国で、サブプライムローン・バブルという〝小さな〟バブルが生まれた。そのバブルの崩壊がリーマンショックという重大な結果を招いたことを知っている人から見れば〝小さな〟という表現には違和感があるかもしれない。しかし、世界恐慌に至った1920年代の米国でのバブルや、失われた20年を招いた1980年代の日本のバブルに比べると、サブプライムローン・バブルの規模や広がりは比較的限られており、

なぜこの規模のバブルがリーマンショックほどの大きな結果に結びついたのか、にわかには理解しがたいというのが正直なところだ。だから、結果の大きさに比べると、原因となったバブルが〝小さな〟ものであったということは、決して的外れではない。

さて、サブプライムローンというのは、米国で行われている審査基準の甘い住宅ローンのことである。だからといって、最初から危険で悪質なビジネスだったわけではない。貸し手にとってはリスクが高い貸出であるが、その高いリスクに見合った適正な金利を設定できれば、健全なビジネスになる。さらにいえば、サブプライムローンは、通常の住宅ローンの審査には通らない移民や低所得者層にも持ち家の取得を促す重要なイノベーションとして登場し、当初は肯定的な評価が与えられていたのだ。

詳しい説明は省略するが、このサブプライムローンは、証券化というもうひとつの金融イノベーションと結びつくことによって、急膨張を始める。証券化とは、さまざまな資産を裏付けにし、投資家が投資しやすいように債券などの形に整えて販売する技術である。とても高度で、非常に有益な一面もある金融における重要な技術革新のひとつだ。

この証券化と結びつくことによって、誰でも米国のサブプライムローンに投資できる環境が整い、その結果として世界中の投資資金が流入するようになったのである。それが、サブプライムローン・バブルを膨らませた。

だが、ブームはいつまでも続かない。やがて、サブプライムローンの延滞率が上昇し始め、関連する証券化商品の価格も下がり始めた。

そして2007年8月、パリバショック[※9]といわれるデキゴトが起きた。この時点で、人々はサブプライムローン・バブルが崩壊したこと、そして、それが世界の金融市場に大きな影を落としていることをはっきりと認識した。

米国の中央銀行であるFRB（連邦準備銀行）をはじめ、いくつもの機関がその影響を分析し、中には経済的損失が1000億ドル（1ドル100円として10兆円）に達するという予測も生まれた。人々は、あらためてその影響の大きさに気づき、大きな衝撃を受けたのである。

ちなみに、1000億ドルというのは、もちろん巨大な金額ではある。だからこそパリバショックといわれる市場の混乱が生じた。だが、実際のところ、それは世界的な金融危機を引き起こすほどの規模のものだとは考えられない。

また、各国の金融当局は、パリバショックの後、危機の拡大を防ぐために積極的な金融緩和政策を実施し始めていた。前例を見ないほどに機動的な金融政策が、主要国の協調のもとに行われたのだ。そのため、投資家の間にもすぐに楽観的な見方が広がり、混乱は一時的なものにとどまるだろうという予測が支配的になった。

株価は、そうした楽観的な予測を反映して、パリバショックで大きく下がった分をすぐに取り戻し、米国ではその後にさらなる高値を更新している。

さて、その後の一年あまりの間に実際に何が起きたか。全米第5位の大手投資銀行[※10]ベア・スターンズが実質的に経営破たんし、重要な国策金融機関と位置づけられるファニーメイ、フレディーマック[※11]といった金融機関が立ち行かなくなり、全米第4位の名門投資銀行リーマンブラザーズが破たんし、第3位のメリルリンチは身売りを余儀なくされ、デリ

※9　フランスの大手銀行であるBNPパリバの傘下企業が運営する安全性が高いと見られていたファンドが、投資していたサブプライムローン関連の証券化商品の価格が急落したことにより、ファンドの払い戻しを一時ストップしたことを指す。サブプライムローンのリスクが思わぬところに顕在化したことで、市場は一時的にパニックに陥った。

※10　米国において企業や機関投資家などを相手とするホールセール証券業務を営む金融機関。

※11　ファニーメイもフレディーマックも住宅ローンの証券化ビジネスを行うために設立された特殊な金融機関。民間企業だが、重要な国策を担う特別な存在である。このときの経営不振により、政府の管理下に置かれることとなった。

バティブ取引の総元締めのひとつである大手保険会社のＡＩＧが公的資金で救済されるという、とんでもない事態になったのである。主要国の株価は２００９年３月までに概ね半値以下にまで下がり、「１００年に一度の危機」といわれるまでに至った。

サブプライムローン・バブルの崩壊によって引き起こされたこの一連の金融の大混乱は、「リーマンショック」と呼ばれている。そして、その経済的損失の推計はわずかな間に倍々ゲームのように膨らみ、最終的には最大で２・８兆ドル（２８０兆円）に達したともいわれる。事前の予測は当てにならない、という言葉だけで片付けるのは、あまりにも生易しすぎる。

この金融危機の直接の原因は、今見てきたようにサブプライムローン・バブルが崩壊したことにある。だが、**サブプライムローン・バブルの崩壊がこれほどの危機を招くことを、バブルの崩壊が明らかになったパリバショックの時点においてすら誰も予測できなかった。原因の大きさと結果の大きさが、まったくリンクしていないのだ。**

これもまた、自己増幅的フィードバックによって、結果が増幅されたことによって生まれた極端な結果のひとつと考えられるのである。サブプライムローン・バブルの主役は先ほど触れた証券化商品で、まずこの商品が「売りが売りを呼ぶ」価格下落の連鎖に陥った。その価格下落が、証券化商品を大量に保有する金融機関の経営に大きな打撃を与え、その金融機関の経営不安が株価の連鎖的な下落を招く。

また、金融機関に対する信用の低下によって、金融機関同士で膨大な資金のやり取りをする銀行間市場と呼ばれる、世界経済の大動脈ともいえる市場が機能麻痺に陥る。

市場の麻痺は、金融機関の資金調達に支障を生じさせ、その金融機関の資金繰り危機がさらなる株価下落を引き寄せる。

証券化商品の価格下落、金融機関の経営悪化、株価の下落、金融市場の麻痺が互いに絡み合い、**それぞれの結果がそれぞれの原因となって、複雑なフィードバック・ループを形成していった**のである。

こうした自己増幅的フィードバックの威力は簡単には止まらない。混乱が何か予期せぬ新たな結果を招き、それが新たな原因となって予測不可能な新しいうねりを生んでいく。

このときは、リーマンブラザーズの経営破たんがそれだった。リーマンブラザーズの破たんは、サブプライムローン・バブル崩壊に伴う市場の混乱が原因だ。しかし、実際にリーマンが破たんをすると、今度はそのことを原因としてさらに大きな市場の暴落が発生したのである。こうして、当初は小さなバブルが弾けたことで生じた市場の混乱が、一気に未曾有の金融危機にまで発展していくことになった。

こうしたデキゴトの渦中でいえることはひとつだけある。大きな変動のさなかでは、結果が増幅されて予測をはるかに超える極端な結果に行き着く可能性があるということだ。だが、本当に極端な結果が起きるのか、そして、それがどれほど極端なものになるのかは誰にもわからない。

金融市場では、大小問わずバブルがたえず生まれては消えていく。だが、**バブル崩壊の結果の大きさは、原因となるバブルの大きさでは測れない**。サブプライムローン・バブルと同規模のバブルが崩壊しても、それが常にリーマンショックのような大きな金融危機に結びつくわけではない。逆にいえば、それほど重大とは思えない原因からでも、重大な結果は生まれうることになる。

フィードバックのせめぎ合いから生まれる予測不可能なふるまいは、物理の世界では**カオス**として知られている。カオスとは、一般的には「混沌」というような意味だが、物理の世界では、「一定のメカニズムに従っているのにもかかわらず、予測不可能なふるまいをする」という意味で用いられている。

カオスは、一定のメカニズムに従っているので、原因があって結果を生むという因果関係を持っている。だが、その**原因のとるに足りないわずかな違いがフィードバック・ループによって大きく増幅され、結果をまるっきり違ったものにしてしまう**。その結果、原因と結果の対応関係が不規則なものとなり、原因から結果を知ることが事実上不可能となる。

カオスを説明するときによく用いられるたとえに「アマゾンの蝶の羽ばたき」というものがある。アマゾンの森に棲む一匹の蝶の羽ばたきが、巡り巡ってテキサスにハリケーンを引き起こすというものだ。ここから転じて、小さな原因が大きな結果を引き起こすことを「バタフライ効果」と呼ぶ。

では、なぜアマゾンの蝶の羽ばたきが遠く離れたテキサスでハリケーンを起こすのだろう。

まず、蝶の羽ばたきはとても小さな気流を生じさせる。それが何の結果にも結びつかずに時間とともに消えていくということは、日常的に起きている。だが、いくつかの偶然が重なると、その小さな気流が周囲の空気の流れと相互作用を起こして増幅されていく。何かをきっかけに自己増幅的フィードバックのスイッチが入るわけだ。そして、自己増幅的フィードバックが連鎖していくことによって、ハリケーンのような重大な結果をもたらすことも可能となる。

以上からもわかるように、カオスにはふたつの重要な特徴がある。

まず、**原因と結果の大きさは結びつかない**。小さな原因からでも大きな結果が生まれるし、その逆になることもある。

そして、結果の違いを生むのは、ほんのわずかな、とるに足りないものであり、しばしばそこにランダムな変動が絡んでくるので、**結果を予測することができない**。これがカオス的不確実性であり、先ほどから述べているフィードバックが生み出す第二の不確実性は、まさにこれに当たる。


このカオス的不確実性というものは、人の認知能力にとってはとても厄介な代物で、正しく認識することが極めて難しいものだ。

人がデキゴトを因果関係によって理解したがるということにはこれまで何度か触れてきた。だが残念ながら、人が得意とするのは、単純明快な因果関係による説明だ。

アマゾンの蝶の羽ばたきとテキサスのハリケーンは、人の頭の中ではうまく結びつかない。あまりにも原因と結果の大きさが違いすぎるのだ。さらに、蝶の羽ばたきがハリケーンを引き起こすこともあれば、そうはならないこともあるという点も厄介である。単純明快な因果関係においては、同じ原因はいつも同じ結果を導くはずだからだ。

ちなみに、物理学の歴史の中でも、カオス理論はかなり新しい概念である。それらしい考え方が見られるようになったのは19世紀後半以降のことであり、理論的に確立されたのは1963年のエドワード・ローレンツの論文によってであった。しかも、当初はそれほど注目されず、カオス理論の研究が進むのは、さらにその後である。相対性理論や量子力学と比べても、その歴史はかなり浅い。

ローレンツは気象学者で、彼がカオスを発見したのは気象の変化をコンピュータでシミュレーションしたときのことである。

気象は、人が非常に古くから大きな関心を寄せてきた対象のひとつだ。それにもかかわらず、人間はそこにカオスが存在していることを、その長い歴史のほとんどの期間にわたって気がつかなかったということになる。常に身近にあったのに、理解することができなかったわけだ。

人間にとって、ランダム性も十分に厄介だが、カオスはそれに輪をかけて厄介なものだということを、この事実は示唆している。

さらにいえば、カオスは、極端なデキゴトをランダム性よりも頻繁に引き起こすことができる。カオスのおかげで、世界はさらに予測不能なものになり、予測がまったくの的外れとなる事態が起きてしまうようになる。

第1章では、ランダム性を過小評価する人の性質をふまえて、「世界は人が思うよりもランダムである」と結論付けた。だが、新しい不確実性を学んだ今、あらためてこう付け加えなければならない。

「世界は、ランダムである以上に不確実」なのだ、と。

column

02

誰にも予想できなかった
フランス革命の劇的な展開

我々は歴史を必然の物語として学ぶ。

歴史上のデキゴトにはそれらしい原因が列記され、現在の我々の観点から見た歴史上の意義が添えられる。それらは、然るべくして起き、然るべき結果をもたらしたと受け止められる。

たとえば、フランス革命は、過酷な専制王政という時代遅れのアンシャンレジーム（旧体制）から人民を解放するために必然的に起きたデキゴトであり、人類がおのずと民主主義体制へと向かう壮大な道のりにおける偉大な一里塚と位置づけられる。たしかに、そのような一面はある。

当時のフランスは、民主政治思想や人権思想が高度に発展し、その思想的リーダーたちが革命運動の先頭に立っていた。革命勃発直後に発せられた人権宣言は、現代においても民主政治思想の金字塔とされる。革命のリーダーの一人となったロベスピエールは、人権について深い洞察を備えた優れた弁護士であり、思想家であった。

だが、実際のフランス革命は、必然的に起きたデキゴトだとは考えにくい。むしろ、偶然の積み重ねと、結果が結果を増幅するプロセスによって、予想外のデキゴトが次々と生まれ、誰も予想しなかった極端な結果をもたらした事例として捉えるべきなのだ。

フランス革命は当初、立憲王政を目指す政治闘争としてスタートした。憲法制定論議がなかなか前に進まないさなかの１７９１年４月、王党派と議会派の橋渡し役であったミラボーが急死、それが革命激化の最初のスイッチを入れることになる。王政打倒を叫ぶ過激派が勢いづき、それに王党派が対抗措置をとる。そして今度はそれが過激派をさらに勢いづかせる要因となっていく。循環的なフィードバック・ループの出現である。

同年６月、革命の激化を恐れた国王一家がついに亡命を試みた。彼らは、国境付近のヴァレンヌにまで逃れ、亡命は成功したかにみえた。しかし、そのときたまたま国王の顔を知っていた少年兵が通りかかり、身分を見破られてしまったのだ。

このヴァレンヌ事件は、革命激化の第二のスイッチとなった。だが、この第二のスイッチが生まれたのも、第一のスイッチがあったからこそであった。第一のスイッチが入れられたことで第二のスイッチが現れ、そのスイッチが入ることで事態はさらに劇的な深化を遂げていったのである。

革命はその後、加速度的に過激化して制御不能に陥り、国王夫妻や王党派の処刑、革命派同士での粛清の嵐、血で血を洗う内戦へと突き進んでいく。人権思想家のロベスピエールが実権を握ったジャコバン政権では、革命反対派や政敵らが情け容赦なく弾圧され、人権など一顧だにされないままにギロチン台に送られた。

民主主義者や人権思想家によって、彼らが打倒したアンシャンレジームよりもはるかに苛酷で、人権を抑圧する非民主的な独裁政権ができあがってしまったのである。

フランス革命は、その後に、これまた予想外の副産物を生んだ。ナポレオンの登場と、ヨーロッパ全域への戦火の拡大である。そして、暗澹たる惨禍を残した末に、1815年の第二次王政復古によって、革命前のアンシャンレジームへとそっくりそのまま戻ったのであった。

このように革命が制御不能な過激化の過程をたどり、打倒したはずの旧体制よりもはるかに苛烈な体制を生み出してしまったり、惨禍だけを残して元の木阿弥に戻ってしまうという例は、実は多くの革命に共通して見られる傾向である。

たとえばロシア革命では、ボルシェビキ（後のソ連共産党）独裁政権が確立されていく過程がフランス革命と非常によく似ている（ただし、元の木阿弥に戻るということにはならなかった）。

歴史上の大事件の多くは、誰かが計画的に目的を持って行った必然的なデキゴトなどではない。偶然とフィードバックという隠れたメカニズムによって突き動かされ、予想を超える結果を生んだものなのである。

第3章〉

バブル

――なぜ「崩壊するまで見抜けない」のか――

バブルはこうして繰り返す

バブルの歴史

前章では、フィードバックによって生み出される第二の不確実性について概観した。人類がその存在に気づいたのがつい最近のことであることからもわかるとおり、人はフィードバックがもたらす驚くべき効果を、ともすれば見落としてしまいがちである。だがフィードバックはとても広範にみられ、非常に強力な影響を残す。歴史の陰の原動力といってもいいくらいだ。

そこで、本章では、自己増幅的フィードバックによって生み出される典型的な事例であるバブルを中心に、その作用の強さを追っていくことにする。そのうえで、なぜ人はバブルの発生や崩壊を予測することができないのかについても考えてみたい。

バブルとは、主に株式や不動産などへの投資がブームとなり、それらの価格が（後から見ると）不合理な水準にまで押し上げられることを指す。また、投資ブームのさなかに社会全体に広がる楽観的で浮かれた気分や贅沢の蔓延などを含めて、バブルと呼ぶことも多い。

バブルは歴史の中で何度も繰り返され、そしてそのすべてが崩壊を迎えてきた。その一連の過程は、表面に現れる形がそれぞれ少しずつ異なっているものの、本質的には非常に似通っている。

ちなみにバブルとは中身のない〝泡〟というような意味合いがあるが、**実際には、経済的な繁栄や画期的なイノベーションなど、実体を伴った背景から生まれることが多い**。少し歴史を振り返ってみよう。

１６３７年、オランダでチューリップ・バブルが起きた。チューリップの球根が投機の対象となり、珍しい種類のものだと球根ひとつが家一軒に相当するほどの高値で取引されたのだ。中身を伴わないバブルの典型ともいえるが、これも発生当初は実体を伴った背景があって生まれたものだ。

当時オランダはスペインに代わって世界の海上覇権を手にした時期に当たり、人々の間には自信とも昂揚感ともつかない前向きな気分が広がっていた。生活が豊かになるに伴い、観賞用のチューリップの人気も高まり、最初は実需に伴って球根の値段が上がり始めたのである。だが、やがて「球根の値段が上がっている」ということ自体が理由となって、投機家たちの資金が集まってくるようになる。

オランダは、勤勉を旨とするカルビン派といわれるキリスト教新教（プロテスタント）が根付いた堅実な国民性を持つ国である。しかし、値段が上がるから買う、買うから値段が上がるという循環的なプロセスはそんな国民性を凌駕するほどに強く、異常ともいえる状況が作り出されていった。それがチューリップ・バブルである。もちろん、このバブルはすぐに崩壊し、多くの破産者を生み出すことになった。

1720年、今度はイギリスで南海バブル事件が起きた。バブルという言葉が実際に使われるようになったのは、このときが最初だといわれている。

これは、南海会社という国策会社が、一種の会計上のからくりを利用して利益を膨らませ、その株式に投資家の資金が殺到することで起こったものだ。南海会社株の投資ブームに乗って、多くの怪しげな会社が設立されて投資家から資金を集め、その後、〝泡〟のように消え去ったというのが、バブルと名付けられた所以だ。

南海バブル事件は、会計上の利益操作を原因としていて、それこそ中身のないバブルの典型だ。それでもこのバブルの発生は、当時のイギリスがオランダに代わって世界的な海上覇権を確立しつつあったという時代背景を抜きには語れない。たとえ中身のないバブルであっても、ロンドンに世界の富が集まり、国家の繁栄に対して自信が強まったことがその発生を後押ししたのである。

ちなみに、南海会社の株価上昇が実体を伴わないものであることを見抜いた者がいなかったわけではない。近代物理学を確立したアイザック・ニュートンもその一人である。しかし、そのニュートンでさえも上がり続ける株価と周囲の熱狂には勝てず、ついに南海会社株に手を出したところで、バブルが崩壊した。大きな損失を被ったニュートンは、「天体の動きは計算できるが、群集心理の動きを予測することはできない」と嘆いたといわれる。まさに、それがバブルの本質だ。**バブルはいつか必ず弾けるが、いつ弾けるかを予測することはできない。**

その後も、バブルは時と場所を変えて生まれては消えてきた。１８４０年代には、鉄道の普及が始まるとともに鉄道狂時代と呼ばれるバブルがイギリスで生まれた。鉄道は、輸送革命をもたらし、近代化に不可欠な要素となるものだが、その画期的なイノベーションがバブルをもたらして、やがて崩壊した（ただし、このバブルによって鉄道網の整備が一気に進む結果につながったという一面もある）。

そのイギリスを凌いで群を抜く経済大国となった1920年代の米国では、非常に大規模なバブルが生まれた。ラジオの登場、自動車の大量生産、工場の電化の促進などさまざまなイノベーションが生まれ、大衆消費文化が花開いたこの時代は、「永遠の繁栄」、「黄金の20年代」と呼ばれていて、株価もそれに伴って大きく上昇を続けた。もともとが実体を伴ったものであるがゆえにバブルは激しく膨張し、その崩壊は世界恐慌へとつながっていく。

二度のオイルショックを乗り切り、ジャパン・アズ・ナンバーワンといわれる経済的成功を収めた1980年代の日本でも、広範なバブルが発生した。

日本の製造業の競争力は非常に強く、株価が高くなるのも当然と思われた。また東京がニューヨークやロンドンに匹敵する国際金融都市になるとの思惑が不動産価格を押し上げた。新時代の到来という実体を伴った期待から、すべては始まったのである。

だが、その後バブルは膨れ上がり、その崩壊によって日本は失われた20年と呼ばれる停滞期を迎える。

1990年代後半には、米国を中心にインターネット・バブル、あるいはドット・コム・バブル、ITバブルなどと呼ばれているものが生まれた。多くのITベンチャーの株価がうなぎ上りに上昇し、やがてバブルの崩壊とともに消え去っていった。もっとも、インターネットそのものは、現在の生活やビジネスに不可欠なインフラとなり、生き残った企業からはグーグル、アマゾン、ヤフー、イーベイなどの世界的企業が輩出されている。

このようにバブルは、一見何もないところからでも生まれるが、基本的には新時代の到来、あるいは人々のライフスタイルや産業基盤を塗り替える画期的なイノベーションなど実体を伴った動きから生まれ、やがて熱狂を迎え、崩壊する。

そして、**バブルが崩壊するときには、例外なく急激な逆回転の動きがみられ、株式市場などの暴落（クラッシュ）を招く。**前章で見たリーマンショックはその一例だ。

バブルをもたらした鉄道やラジオ、自動車、インターネットなどのイノベーションは、すべて人類の歴史に後戻りすることのない大きな変革をもたらしたものである。そうしたものであっても、投機の行きすぎと急反転による淘汰という道を必ずたどってしまうのだ。そうした画期的なイノベーションや社会の変革は、バブルの発生と崩壊を乗り越えて初めて着実に根付き、その一連の荒波を生き残った者だけが新時代の覇者として大きな成功を収めることになるのである。

嫉妬と欲望

典型的なバブルは、経済的に繁栄を極めた国で起きてきた。

成功をつかみ、富が蓄積され、人々の間に楽観的な気分が広がる。そうした国で、株や土地などの資産価格が持続的に上昇するのは極めて自然なことである。企業の業績は拡大し、オフィスや住居のニーズも増えるからだ。実体を伴った資産価格の上昇と考えていい。だが、持続的な資産価格の上昇は、それ自体が人々の心理に働きかける大きな要因となる。価格が持続的に上昇することで、そこに投資しようとする人が増え、投資資金の流入がさらに資産価格を押し上げるのだ。

つまり、繁栄期を迎えた国で起きる持続的な資産価格の上昇は、最初は経済成長への期待が高まることの結果として生まれる。ところが、やがてその持続的な価格上昇自体が、新たな価格上昇の原因となっていく。価格上昇が価格上昇の原因となるのだから、一度価格上昇が始まってしまうと価格はひとりでに上がり続けることになる。

そして、このフィードバックのプロセスに何よりも深くかかわっているのが、嫉妬や欲望、あるいは横並び意識といった人間の心理的反応なのである。

資産価格の上昇は、それによって大きな利益を得るものが現れることを意味する。それは、本当はたまたま運が良かっただけかもしれないのだが（おそらくそうだろう）、**利益を得た本人は、自らを新時代の到来を予測して機敏に利益を上げた先見性に満ちた存在だと思い込む。いや、本人だけではない。周囲の人間こそがそう思い、嫉妬と欲望交じりに自分もそれにあやかりたいと願うのだ。**

新時代の到来に対する成功者の強気の見方は、成功者にならいたいと思う他の人々の気持ちを捉える。こうして新たに新時代の信奉者となった大勢の人々が市場になだれ込むため、それが新たな資産価格の上昇要因になっていくわけである。そして、この過程は拡大再生産される。成功者の輪は徐々に広まり、それと同時に嫉妬や欲望の輪も広がる。そして、資産価格の上昇で利益を得る者が次々に増えていくと、今まで投資に興味を持たなかった層までもが焦りとも欲望ともつかぬ感情に囚われ、一世一代の好機に乗り遅れたくないと資金を投じるようになる。

それに、人は横並びで他人と同じことをするときに安心する傾向がある。まさに、「みんなで渡れば怖くない」ということだ。大勢がしていることにはリスクを感じないから、それまで投資に踏み切れなかった人々も、周囲に投資をしている人が大勢いれば、簡単に大金を投じるようになっていく。

市場への参加者が増えるだけではない。投資の世界では前にも触れたレバレッジというものがある。お金を借入れて資産を買うことで、資産価格の上昇からより大きな利益を得られるのだ。資産価格の上昇が力強さを増していくにつれ、こうしたレバレッジを活用する投資家が増えていく。

このような新規投資家の参入とレバレッジ投資の拡大によって、資金は資産市場に流れ込み続ける。それが資産価格のさらなる持続的上昇を生み出していくのである。何か大きな外生的要因によって抑えられない限り、こうした自己増幅的なフィードバックのプロセスは、人々が株や土地を買えるだけ買うというところにまで行き着く。

これらの自己増幅的な動きの裏には、人間が将来を予測するときの癖のようなものも垣間見られる。それは、**将来を現在の延長線上に捉えがち**だということだ。

今起きていることは、将来もそのまま続いていくと人はイメージする。予想外のデキゴトや、今起きていることとまったく逆のデキゴトが起きるとは考えない。

たとえば、1980年代の日本では、株価は右肩上がりの大きな上昇を続け、日経平均株価は1989年末に3万8957円という高値を付けた。その時期にある大手証券会社は、この株価上昇は今後も続き、数年後には8万1700円にまで達するという予測を打ち出したのである。現在起きていることの延長線上に将来を捉える典型的な事例といえる。実際にはどうなったかというと、その後日経平均株価は当時の高値を一度も上回ることなく、現在もその半値以下で取引されている。

歴史上、バブルは幾度も現れ、そして、実体があるかどうかにかかわらず必ず崩壊してきた。少なくとも専門家ならば、そのことを知っている。それでも、バブルになると必ず「今回の相場上昇は実体を伴っていて、過去のバブルとは違うものであり、したがって相場が反転したりすることはない」という専門家が大勢現れる。人は今起きていることが逆転するとは、どうしても感じられないのだ。

人間は、いうまでもなくとても適応能力の高い生き物である。その適応能力の高さもまた、バブルを助長する要因となる。

たとえば株価は、強い上昇局面にあったとしても、一直線で上昇するわけではない。途中で利益を確定するために売りを出したり、あまりにも上がりすぎてしまった株を空売りしようという投資家が少しは現れるからだ。そのため、上がっては下がり、下がっては上がりを繰り返すことになる。自己抑制的フィードバックがときたま顔を出すのだ。

ただバブル期においては、株価が下がったところで、それまで買いそびれていた投資家がここぞとばかりに買いに動くことが多いので株価はすぐに戻り、それをきっかけに再び安心感が広がって、上がるから買う、買うから上がるというプロセスが再開されるようになる。

人はそのようなパターンをすぐに覚えて、自分の行動に取り入れることができる。多くの投資家は、理由が何であっても、株価が下がったところで株を買うという行動をとれば利益が上がることを学んでいくのだ。

その結果、株価が一時的に下落すると、多くの投資家が買いに動くことになり、それが次の株価上昇を招き寄せるというパターンが再生産されていくことになる。そうすると、人々は株価が下がったら株を買えば儲かるという行動をさらに自分の中に刷り込んでいく。

こうして一連のフィードバック・ループが確固たるものになると、たとえ本当は株価が下落に向かうべき正当な理由があって株価が下がったのだとしても、そんなことにお構いなしにほぼ自動的に株価上昇が再開するようになっていくのだ。その結果、いつしか株価は後から見るとまったく理解できないような水準にまで上がっていく。

ここでは、投資家心理が介在する自己増幅的なフィードバックを中心に見てきたが、実際のバブルではこれにとどまらず、自己増幅的なフィードバックが幾重にも重なって、重層構造のフィードバック・ループを形成する。

たとえば、株価と景気の間にも相互に結びついたフィードバックの関係が存在する。株価の上昇は、景気拡大への期待によってもたらされるものだが、株価の上昇自体が景気への刺激効果を持つ。

ひとつには、株価の上昇は企業への信認の高まりととられ、企業の資金調達が容易になる。また、株価の上昇は景気の先行きに対する期待の高まりとも捉えられるため、経営者の積極的な経営姿勢を引き出す効果がある。株価の上昇で利益を得た投資家が積極的な消費行動をとることで景気を押し上げる「資産効果」というものもある。

こうして、景気拡大が株価上昇をもたらし、今度は株価上昇が景気を押し上げ、さらにそれがまた株価上昇につながるという循環的なプロセスが生まれていくことになる。

このような幾重にも重なる自己増幅的なフィードバックに支えられたバブルの持続力は、非常に強いものがある。

たとえば１９２０年代の米国のバブルは、農産品価格の急落による農業恐慌が起きても、長引く景気拡大の中で企業収益の伸びや設備投資が鈍ってきても、簡単には収まらなかった。

1980年代の日本のバブルもそうである。日銀がバブル退治に乗り出して金利の引き上げを開始しても、一年近くの間、株も土地も価格が上がり続けた。サブプライムローン・バブルでは、2007年にパリバショックが起きて危機が表面化した後ですら、株価はなお上昇を続けた。

なぜ後にならないとわからないのか

先にも触れたとおり、自己増幅的なフィードバック・プロセスが継続してバブルに至る過程では、一種の予測可能性が生まれる。

いったん発生したバブルには、理由があろうがなかろうが、ひとりでに成長していく性質がある。だから、仮にバブルが生じたことがわかれば、その動きが「自己増幅的に拡大していく可能性がある」という予測をすることはできるようになるのだ。だが、だからといって、バブルの発生やその消長を高い精度で予測できるということにはならない。

まず、バブルの発生そのものを予測することは極めて難しい。バブルを育む経済的な要因が多くそろっていたとしても、バブルが必ず起きるとは限らないからだ。**同じような条件がそろっていても、バブルが起きることもあれば、起きないこともある。**

たとえば、人々が先行きに不安を感じていたり、リスクを敏感に意識して慎重に行動していたりすると、バブルは起きにくくなる。また、早い段階で金融引き締めが行われ、金利が高い水準に維持されると、やはりバブルの芽は育ちにくい。だが、常にそうなるとも限らない。何がバブルのスイッチを入れ、あるいは何がそれを抑えるのかは正確にはわからないため、バブルの発生を予測することは基本的に不可能なのである。

また、予言の自己回避といえるメカニズムも存在する。予測をすると、その予測自体が原因となって予測の実現が阻止されるというメカニズムである。たとえば、バブルが起きるぞという予測がなされれば、それが警鐘となって実際にはバブルは起きにくくなる。

これも常にそうなるわけではないが、誰もがバブルの発生に警戒心を抱いているときにはバブルは起きにくくなり、誰もが警戒心を解くときにバブルは起きやすくなる。つまり、バブルが起きるという予測が広まると、そのこと自体が、バブルが発生するという予測の的中率を下げる要因となるのだ。このような予言の自己回避のメカニズムによって、予測はさらに難しいものとなっていく。

次に、バブルが発生したとしても、それが本当にバブルなのかどうか、渦中にいる当事者には必ずしも判然としない。歴史上のバブルの多くは、後から振り返ってみて「あれは明らかにバブルだった」ということがわかるのであり、渦中にいるときも明確にわかるというものではない。

さらに、**仮に今がバブルだと断定できたとしても、それがいつ終わるのかを予測することは難しい。**実際にバブルの大きさにはさまざまなものがある。資産価格が50%ほど上昇したところで終わるミニバブルもあれば、資産価格が二倍になるまで続くものも、あるいは三倍、四倍にまで続くものもある。

カオスでは、原因と結果の大きさは比例しないということだった。バブルもカオス的現象だと考えられるので、原因の大きさで結果の大きさを測ることができない。原因を分析して「ここまで続く」とか「ここで終わる」ということはできないのである。

音楽が鳴っている間は踊りつづけよう

結局のところ、バブルはフィードバック作用によって大きくうねりを上げる群集心理に駆り立てられた不合理な動きである。その成り行きを合理的に予測することはできない。ニュートンが言ったとおり、群集心理の移ろいは予測できないのだ。

バブルは歴史上頻繁に起きていて、後から見るととてもはっきりした経済現象のように見える。なのに、渦中にいるとその姿がぼやけて、はっきりとは見えなくなってしまう。もっとも、実際にはバブルの渦中で警鐘を鳴らす人間がまったくいないわけではない。

いつの時代にも、常に冷静に、合理的にモノゴトを分析できる賢い人は大勢いる。彼らは、バブルの渦中に「株価は合理的な水準よりも明らかに高くなりすぎていて、必ずその反動が来るはずだ」と、後からみれば正しい見立てをする。だが、その人物は、合理的な分析のおかげで不合理な群集心理の波に乗ることができない。

株価はその後も上がり続け、彼は新時代の到来を認識できなかった時代遅れの敗者とみなされてしまう。そして、その警鐘の言葉は群集の雑踏の中でかき消されて、すぐに忘れられていく。

バブル期に実際にもてはやされるのは、論理的でもなく正しくもないが、群集の熱気に符合するような意見だ。

たとえば「我々は今、新時代の到来を迎えている、株価はまだまだ上がる、二倍三倍になる」と主張する者が脚光を浴びる。バブルの熱気が過ぎ去った後には、彼らの主張はバブル期の愚かさを象徴するエピソードとして笑い話の類となっていくのだが、また新しいバブルが起きれば、人々は性懲りもなくその手の主張をもてはやすようになる。

では、人はバブルとどう付き合っていけばいいのだろうか。バブルをどうすれば防げるのかという政策論争には今のところ正解といえるものがないと思われるので、その問題は棚上げして、バブルが不可避的に起きるという前提で、その中でどうふるまうべきかを考えてみよう。

バブルの消長を予測することは難しいといっても、バブルの波に乗って大きな利益を得る可能性はあるわけだから、その可能性に賭けて、できるだけ波に乗る努力をするべきというのがその答えになるだろう。

今がバブルなのかそうではないのか、あるいはバブルだとしてそれがいつまで続くのかなどはどうでもいい。とにかく波が来たと感じたら、それが本当の波かどうかにかかわらず、とりあえずその波に乗る。そして、波（とおぼしきもの）が続いていると感じている限りはそれに乗り続ける。

今まで説明してきたように、今波が来ているのか、そうだとしてその波がどのくらいの大きさのものなのかは基本的にはわからない。だから、このやり方が確実に勝てるやり方だとはいえない。だが、うまくいかなければ波だと思っていたものからすぐに降りればいいのだ。そのかわり、もし本当に大きな波が来ていたのだとしたら、大きな利益を上げられる可能性がある。

バブルに警鐘を鳴らしたりせずに、ただそのときの波に乗るというこの戦略は**「音楽が鳴っている間は踊り続けよう」**という言葉でしばしば表される。

ただし、自分もまた群集心理の渦に巻き込まれて、熱狂に身を委ねてしまうと、波が反転してしまったときに手ひどいしっぺ返しを食らう。

バブル期に波に乗って大儲けをしたバブル長者は、いつしかバブルが終わって反動期が始まっても、自分に成功をもたらした積極的な投資戦略を簡単に切り替えることができない。やがて深手を負って、結局は得たものをすべて失ってしまう。これもまた、バブルのたびに常に繰り返されてきた光景だ。

また、冷静で合理的な姿勢を維持しながら、最後に熱狂の中に身を投じて失敗してしまったニュートンの例も忘れるべきではない。**波に乗るとしても、自分もまた群集の一部になってはいけないのである。**

不確かなことを断定的に判断せず、流れてくる音楽に合わせて踊りながら、一方で、冷静さと合理的な精神をかたときも失わない。それだけが、バブルを生き残るやり方なのだ。

グローバリゼーションやネットワーク化は負の連鎖を強める

ここまで見てきたように、現在に至るまで、さまざまなバブルが生まれ、その反動としてクラッシュ（暴落）が生まれてきた。時代背景も原因も少しずつ違うが、その過程は驚くほど似ている。それにもかかわらず、人々は「今回の株価上昇は今までのバブルとは違って、実体を伴った持続的な動きだ」と毎回思い込む。カーメン・ラインハートとケネス・ロゴフは、こうした過去から学ばない心理的な反応パターンを〝今回は違う（This time is different）症候群〟と呼んでいる。そして、バブルが弾けてクラッシュが起きると、今度は「今まで経験したことのない危機」と騒ぎ立てる。だが、**実際には同じようなことは頻繁に繰り返されていて、人々は毎回同じように驚くのである。**

1920年代の米国株式市場で起きたバブルは、暗黒の木曜日と呼ばれる1929年10月24日の株価暴落で終わりを告げた。

反動はあまりに大きく、株価は3年後の1932年7月までに、なんとピークの13％にまで下がった。その下落率は87％におよぶ。

実体経済に与えた影響も甚大で、世界各国に波及して世界恐慌と呼ばれる事態を招いた。そして、この世界恐慌が第二次世界大戦を引き起こす大きな背景となっていく。

１９８０年代の日本のバブルは、１９９０年以降に崩壊し、似たような負の連鎖をたどった。ただし、世界恐慌時の米国ほどの激しい動きにはならず、どちらかというと長くだらだらと株価や不動産価格の下落が続く展開となり、その途中で１９９７〜８年にかけて金融危機が起きた。

株価は２００３年までの13年あまりをかけて80％下がり、経済の急激な縮小こそ起きなかったものの、経済成長が完全に停滞し、その間、世界経済における日本のウェイトはだらだらと下がり続けた。その一方で、世界経済そのものへの影響はほとんど見られなかった。

２０００年代のサブプライムローン・バブルの崩壊によって引き起こされた２００８年のリーマンショックでも、非常に似通った負の連鎖が見られるのだが、相場下落が続く期間は上記の二例に比べると極めて短期間で終わり、そのかわりに激しい暴落がその過程で何度も繰り返された。

２００７年10月から２００９年3月まで、わずか1年6カ月の間に米国の株価は54％下落している。

世界経済にもほぼ同時進行で波及し、一時は世界恐慌の再来が懸念されたものの、経済の落ち込みは一時的なものにとどまった。とはいえ、その後の世界の景気回復は非常に緩慢で、その影響は今でも完全に消え去ってはいない。
主要先進国の中で最も回復が進んだとみられる米国でも、経済の潜在成長率が大きく下がって長期停滞に陥るという長期停滞論をめぐる論争が起きるなど、リーマンショックが何をもたらしたのかについては、現時点でもまだ議論の決着がついていない。

このように、代表的なクラッシュの事例を並べると、**プロセスは非常に似通っているものの、株価下落の幅、調整に要した期間、経済に与えた影響の大きさはばらついている。**極端なことは起きるものだが、それがどのくらいの規模のものになるか、どのくらいの長さのものになるかは、かなり千差万別なのである。もちろん、これもカオスにみられる典型的な特徴だ。

このうち、一番時期が新しいリーマンショックの原因となったサブプライムローン・バブルは、前にも触れたとおり、結果の大きさに比してそれほど広範で大規模なものではなかった。だが、その崩壊によって引き起こされた株価の暴落は非常に激しいものだった。もちろん、カオス的な現象では原因と結果の大きさは比例しない。ただし、この点に関しては別の説明も考えられる。

１９９０年代から２０００年代にかけて、東西冷戦の終焉や、情報通信技術の急速な発展により、グローバリゼーションと情報のネットワーク化が急速に進んでいる。グローバル金融市場はその間、急速に巨大化し、世界中の金融機関や投資家たちが複雑な依存関係を築き上げてきた。この状況が、自己増幅的なフィードバックを伴う連鎖反応を起こしやすくしているとも考えられるのだ。

具体例として、グローバルな金融機関同士の取引関係は、近年、一層の複雑性を増しながら規模が急拡大している。その相互依存の強さがゆえに、ひとつの金融機関の経営破たんが他の金融機関に連鎖していくリスクもまた大きくなっている。このような金融機関同士の連鎖的な破たんによって金融システムが麻痺してしまうリスクはシステミック・リスクと呼ばれるが、このシステミック・リスクをいかに抑制するかは、目下のところ国際金融における最大の課題のひとつとなっている。

また、インターネットの発展に伴って、多種多様な情報が世界の隅々にまで瞬時に共有されるようになっている。

暗黒の木曜日の当時（1929年）では、地方の一般投資家は、週末の新聞で株価の暴落を知り、月曜日に証券会社に押しかけるという状況だった。今では、世界中の一般投資家がリアルタイムで世界の市場を追いかけることができる。そのため、世界のどこかで起きた異変は瞬時に他の市場に伝わる。こうした環境が、投資家の間で恐怖が伝播するスピードを増す方向に働き、市場の急変を起こしやすくしているとも考えられる。

高速回線と高性能コンピューターを使って、ミリ秒（千分の一秒）単位で株の売買を繰り返していく高頻度取引（HFT）も、技術進歩の証だ。

HFTは、主にヘッジファンドや専用業者が取り入れている取引手法である。実際の売買手法はさまざまだが、ミリ秒単位で売買の発注をこなし、わずかな値幅で機械的に売り買いを繰り返すというものが多い。そのため、一般投資家にとっても、HFTが売りでも買いでも相手になってくれるため、いつでも売買がしやすくなるというメリットがあると考えられている。

だが、このHFTが何かをきっかけに相場の急変動を引き起こす可能性も指摘されている。

2010年5月6日、米国株式市場が突然に急落するという事件が起きた。**わずか数分**

の間に株価指数が9%も下がったのである。これも、ランダム性を前提にした場合にはとてつもなく稀なデキゴトになる。ところが、この市場の混乱はその後急速に解消され、株価は大体元の水準にまで戻った。

この急激な価格変動は、「フラッシュ・クラッシュ」と呼ばれ、やはりこれほどの価格変動を引き起こした明確な原因は未だ見つかっていない。

ただし、HFTの多くに、株価が一定以上に下落すると持ち株をすぐに売るというプログラムが組まれていたとみられ、それがミリ秒単位の売りの連鎖を生んで瞬間的な暴落を引き起こしたのではないかという見方が有力となっている。つまり、HFTが急落の原因そのものであったわけではないにしても、その超高速取引が短時間の間に株価の下落を加速させる役割を果たしたのは間違いがなさそうなのである。

このように、**グローバル化や技術進歩が、短期間での相場の急変動を引き起こしやすくさせていると考えられる事象が増えている**。もちろん、ファットテールとべき分布は今までも我々の身近にあった。長い間、人類はそれに気づくことができなかったとはいえ、歴史上の数々の奇跡や悲劇の多くは、フィードバックによってもたらされたファットテールやべき分布として捉えることができる。

だが、技術革新によって、フィードバックのプロセスがさらに強力で、瞬時に効果を発揮するものになっているのだとしたら、フィードバック効果を踏まえたリスク感覚を身につけることが、今を生きる我々にとってますます重要なものになっているといえるのではないだろうか。

経済成長の持続力

戦争や革命をも乗り越える経済成長

自己増幅的フィードバックの作用がいかに強力なものかを端的に示すもうひとつの事例も見ておこう。産業化に伴う高度経済成長の持続力の強さについてだ。

産業革命の本家であるイギリスは、自ら道を切り開かなければならなかった先駆者であるがゆえに、後発組の国々と比べるとそれほど高度成長というものを経験していないが、18世紀後半に産業革命が起きると、その後、アメリカ植民地の独立や、全ヨーロッパを巻き込んだナポレオン戦争などの数々の波濤を乗り越え、19世紀中ごろには「世界の工場」といわれる繁栄を築くに至った。

その後、世界経済における地位は少しずつ低下していくものの、現在に至るまでそこそこの成長は続けている。

19世紀後半、南北戦争後に産業化の波が生まれた米国では、その後長期間にわたって高成長を続け、近年では成長率がやや低下傾向にあるものの、今なお世界経済で圧倒的な地位を占め続けている。

日本では、１８９０年代から産業化に伴う高度成長がスタートしたと考えられるが、その波は基本的に１９８０年代まで続いたと考えられる。途中で、第二次世界大戦での敗戦とそれに伴う経済的な混乱がありながら、すぐに急速な復興によってその穴を埋めて、さらなる経済成長を実現した。

このような力強く持続的な経済成長は、洋の東西、政治体制などを問わずに広くみられる。１９３０年代、ソビエト連邦（ロシア）は、世界恐慌を尻目に驚異的な経済成長を遂げた。これがソビエト連邦を米国に対抗するもうひとつの超大国へと押し上げていくことになるのだが、旧ロシア帝政時代と併せて考えると、この事例も経済成長の持続力を示す好例となる。

ロシアの産業化が本格的に始動したのは1890年代と考えられる。その後、第一次世界大戦での敗戦、ロシア革命とその後の内戦などで、経済も社会そのものも壊滅的な打撃を受けた。それでも、内戦が終了すると急速な復興が進み、再び高成長軌道を取り戻している。1930年代の躍進もその延長と位置づけられる。

もちろん、政治体制による影響を、その後の経済成長の鈍化から窺うことは可能だ。ソ連の経済成長は、第二次世界大戦の惨禍と復興を経て1950年代から停滞し始め、その後は資本主義諸国に大きな差を付けられてしまう。同じ時期に産業化をスタートさせた日本と比べても、高成長の期間はかなり短い。

これは、共産主義体制による影響と考えることもできるだろう。それでも数十年にわたる成長期が、政治体制の違いや戦争の惨禍を越えて続いたという事実は、経済成長の持続力が非常に強力であることを示している。

中国は一党独裁の政治体制と市場経済をミックスした開発独裁型経済といえるが、1978年の鄧小平による改革開放路線をその起点として30数年にわたる高成長を続けている。

中国の経済成長が始まった当初には、その成長は長続きしないだろうという論評が多くみられたように思う。しかし、これらの論評は、いったん始まった経済成長の持続力の強さを見逃していたのではないだろうか。もっとも、政治体制や産業構造などの矛盾が解消されずに蓄積されていけば、今後ロシアのように高度成長が比較的短期間で収束してしまう事例のひとつとなる可能性は否定できない。

ドイツの事例は、最も鮮明である。ドイツ帝国が誕生した１８７１年を産業化の起点として、翌20世紀初頭には、ドイツの工業力は急速に発展してイギリスを追い越すレベルにまで躍進した。ところが、その後国力のすべてを注ぎ込む総力戦となった第一次世界大戦に敗れ、経済的にも大きな打撃を受けることになる。

１９２３年には天文学的といわれるハイパーインフレーションが起き、まさに壊滅的な状態にまで陥っている。ここからドイツは奇跡的な復活を遂げるのである。

そして、再び第二次世界大戦での敗戦を迎える。それは第一次大戦時をも上回る決定的な敗北であり、しかも国土は東西に二分されてしまう。それでもなお、西ドイツは奇跡の復興を遂げ、再び経済大国として頭角を現したのである。東ドイツもまた、共産主義体制のもとで西ドイツほどの成長は見せなかったものの、東側陣営では優等生といわれる経済発展を遂げた。

これらは、しばしばドイツ人の優秀さや勤勉さ、どん底から立ち上がる不屈の闘志といったものを表すエピソードとされている。おそらく、そう受け止めるべき部分もあるだろう。

一方で、戦争による膨大な人的・経済的損失や、ハイパーインフレなどの破滅的な経済状況、さらには総力戦における二度の敗北や国家の分裂といった決定的ともいえるショックでさえ、長期的な経済成長を押しとどめることができなかった証左としても受け止められるべきものなのだ。

経済成長が経済成長を生む

経済成長には、テイクオフ（離陸）といわれる時期がある。このテイクオフは、実のところ、なかなか実現が難しい。持続的な経済成長が始まるためには、さまざまな条件が整う必要があるからだ。

国民全般にわたる基礎教育の普及、政治の安定、所有権など経済的諸権利の確立（共産主義体制下ではこの限りではないが）、そして産業や社会のインフラの整備。なによりも、産業化によって生み出される製品に対する需要がどこかに存在しなければならない。

これらの条件が伴わないままに産業の振興を進めても、持続的な動きには至らないことが多いのである。

ところが、いったんテイクオフがうまくいくと、経済成長自体が経済成長を生み出す自己増幅的なプロセスに移っていく。

きちんと教育を受け、いい職につくことで生活が飛躍的に改善されることが理解されれば、教育への熱意が強まり、全体の教育水準は上がっていく。それが、経済成長に必要な人材を育てる。

経済成長が定着すると、政治への信頼度が上がり、無用に政治的混乱を引き起こすことによって失うものが大きくなるので、政治が安定する効果が生まれる。また、所得の増加によって富の蓄積が始まれば、経済的な諸権利に対する意識が高まり、法整備も進む。そうしたことが、今度は経済成長を下支えする要因となっていく。

安定的な経済成長にはインフラが不可欠だ。たとえば、製品を運搬するための港湾や鉄道、道路などがなければ、消費地に近いところで小規模な生産をするしかなくなる。一方で、インフラが整い、製品の流通コストが低くなれば、生産拠点を集約して生産効率を高めることも可能となる。

経済成長は、税収の増加を通じてそうしたインフラ整備のための財源を確保させるとともに、たとえば鉄道輸送や海運、電力などインフラを担う産業部門に対する需要を高め、インフラ整備を促進する。そして、インフラ整備が進めば経済の効率が上がって成長率を高めるばかりでなく、インフラ整備そのものが需要の押し上げ効果を持ち、経済成長を助長する。

さらに、経済成長によって企業の所得が増え、金融市場が拡大して資金調達も容易になるので、研究開発投資や最新設備の導入に投入できる資金も増えて、技術革新が促され、今までより低価格で高性能な製品を作れるようになる。そうすると輸出を大きく伸ばして世界の需要を取り込むことができ、所得の増加によって国内の需要も増えるので、それらが相まって製品に対する需要を増大させることになる。

このように、**経済成長は、みずから経済成長の要因となるものを次々と生み出していくのだ。**

ではなぜ、戦争での敗北などの大きなショックさえも乗り越えられるのか。

第二次世界大戦で敗れたドイツや日本では、空爆によって工場、飛行場、港湾、鉄道などが攻撃を受け、住宅地まで被害を受けた。これから存分に働くはずだった若者の命も大量に奪われている。終戦によって軍需産業の需要が消滅し、インフレによって国民の資産も大きく目減りした。なによりも、敗北によって国民的な自信も大きく失われたはずだ。

だが、高度な製品を作る技術や商売のノウハウを持つ人が、すべていなくなるわけではない。インフラの多くも傷ついたとはいえ、修復して再使用することは無から生み出すよりもはるかに容易だ。そして、インフラや住宅の復興は、それ自体が大きな需要となって経済に刺激を与える。軍事的な戦いに負けたことも、経済的な復興に目標を絞って努力を傾けやすくする。

とくに日本の場合は、戦後に米国を軸とする西側陣営に属したことで、米国の先進技術を取り入れて産業を高度化するという効果をフルに受けることができた。

こうしてみていくと、強い経済成長は、戦争などの外生的な要因によって中断されても、すぐに再開する力強いメカニズムを持っているように思えるのだ。

経済成長という強力で持続力のある自己増幅的な動きは、フィードバックが生み出す予測可能な動きの典型ともいえる。ただし、それが「経済成長期にある国では経済危機など起きない」とか、「来年も高成長が続く」といったたぐいの断定的な予測につながるわけではない点は注意が必要だ。

経済成長期にも経済が破滅的な状況になることはあり、短期的にはどんなことでも起こりうる。ただし、経済成長を促すメカニズムが完全に失われない限り、経済成長には自らを持続させる力があるということである。

このような持続的なプロセスは、やはりべき分布を生じさせることになると考えられる。図15は、2014年における一人当たりGDPの水準とそこに該当する国の数を頻度グラフにまとめたものだ。断わっておくが、国はある意味で恣意的な単位で、たとえばドイツは1949年にふたつの国家に分裂して、1990年には再びひとつの国家になっている。そのため、ここから厳密な結論を引き出すことはできない。ただし、一人当たりGDPで見た国の発展度合いが、ざっくりとべき分布に従っているさまは窺うことができる。これは、長期的な経済成長という自己増幅的なプロセスが生み出したものと考えられるのである。

図15　一人当たりGDP別国数の分布

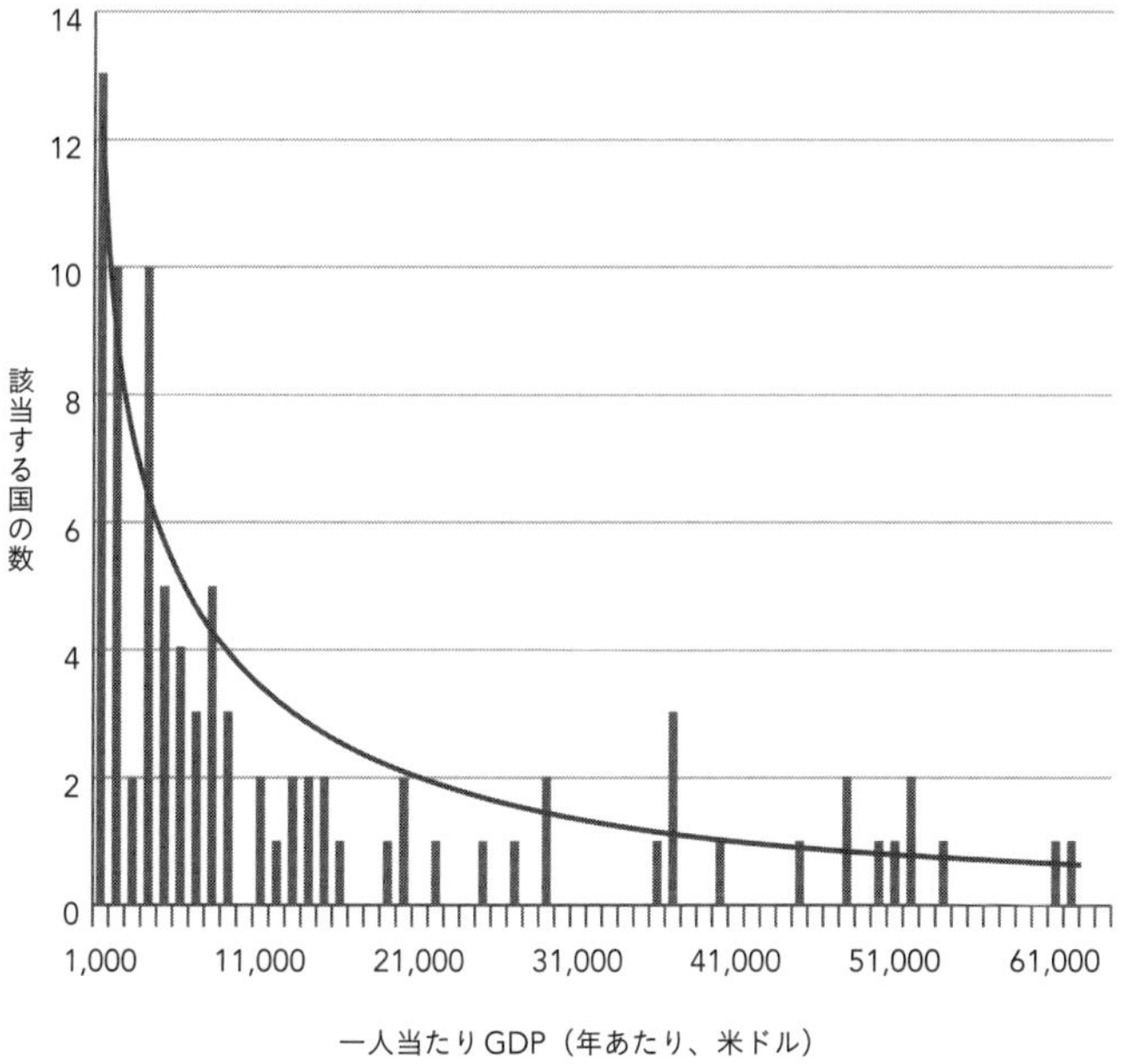

IMF, World Economic Outlook（2015）より筆者作成

予想外のデキゴトが生む葛藤とプレッシャー

成功のジレンマ

さて、ここまでフィードバックが生み出す第二の不確実性について見てきた。第一の不確実性であるランダム性については、人が常にその影響を過小評価してしまうことを第1章で述べた。だが、フィードバックが生み出すカオス的不確実性は、それに輪をかけて人の心を惑わすものだ。常に我々の身近にあり続けていたはずのカオスの理論が確立されたのが、つい最近のことだったということを思い出してほしい。

もっとも、ふたつあるフィードバックのうち、自己抑制的なフィードバックは対処することがそれほど難しくはない。何か予想外のことが起きても、やがて見慣れた昨日までの世界へと戻っていこうとするものだからである。人の心を惑わし、問題を引き起こすのは、主に自己増幅的フィードバックの方だ。

前にも説明したとおり、自己増幅的フィードバックが悪いことばかりを生み出すわけではない。良い方向に結果を増幅するものもある。成功が成功を呼ぶプロセスはその一例だ。では、この良い方向に働く自己増幅的フィードバックなら、何も問題は引き起こさないのだろうか。実は、そうではない。

良い方向に向かう自己増幅的フィードバックの過程では、たとえ最初はたまたまであったとしても、良い結果が次の良い結果の原因となる。それが連鎖していけば、いい結果が次々と起きることになる。「良いときには良いことが起きる」のだ。

その良いことの連鎖の波に乗って、成果を存分に引き出したものが大成功者となる。成功の連鎖を一段、また一段と駆け上がっていくごとに、それによって得られる成果はどんどん大きくなっていき、やがて信じられない大成功や巨万の富に至る。

誰もがこの成功の連鎖に乗れるわけではないが、もしも乗れたとしたら、それは良いことずくめのように見える。だが、実はここに大きな落とし穴がある。

フィードバックによる成功のメカニズムや、そこで偶然が果たしている役割の大きさを理解しないままに成功の連鎖を駆け上がると、「すべては自分の才能と努力のおかげだ」という意識に囚われやすくなってしまうのだ。自分に自信を持つこと自体は悪いことではないが、こうした意識が過剰になると深刻な副作用を生む。成功に至った今までの自分のやり方、考え方を絶対だと思ってしまうのである。

良いことが続くプロセスが永遠に続くならばそれでもいいだろう。だが、決して永遠には続かない。モノゴトを元に戻そうとする自己抑制的な力が消えずに残っているからだ。バブルとクラッシュの事例からも明らかなように、バブルを生み出す連鎖的なプロセスはいつかどこかで終わる。そして、行きすぎたものには必ず揺り戻しが起きる。そして、バブルが自己抑制的な力によって終焉すると、そのまま安定した状態に移るのではなく、その後に必ず逆向きの自己増幅的フィードバックが起きる。クラッシュはその一例だ。

クラッシュは、原因となったバブルの大きさにかかわらず、どのくらいの大きさのものになるかがわからない。バブルで生まれた成功や利益の半分を消し飛ばして終わることもあれば、そのすべてを吹き飛ばして元の木阿弥に戻してしまうこともある。さらには、バブルが生み出した以上のものを消失させて、拭いがたい傷跡を残すこともある。

良いことが続く過程で**成功を収め、自信に凝り固まった人間は、そのプロセスが反転しても今までのやり方に固執して、やがて起きる逆回転のフィードバックの中で致命的な失敗を犯す**ことになる。

大成功を収めた者がやがて破滅に至るということは、歴史の中で繰り返し見られるパターンのひとつである。そして、その破滅は、往々にしてそれまでの成功によってもたらされる。つまり、**「良いことが良いことを生む」メカニズムは、人の心理に将来の大失敗の種を植え付けるものでもある**のだ。

悪いことが悪いことを生む

では、悪い方向に向かう自己増幅的フィードバックの過程では、人の心理に何が起きるだろうか。

この過程では、悪い結果が悪い結果を呼ぶ。悪いことが続くと人は、さすがに次は良いことが起きるだろうと藁にもすがりたい気持ちになるが、それでもまた悪いことが起きてしまう。

この「悪いときには悪いことが起きる」というなんともやるせないメカニズムの一例として、予言の自己実現に触れておこう。これは、前に登場した予言の自己回避と逆パターンのメカニズムだ。

たとえば、ある企業の経営危機がうわさされている状況を考えよう。ある投資家が、この企業は破たんに向かうという予測をして、株を大量に空売りしたとする。それによって株価は急落し、経済新聞などに「経営破たんへの懸念から株が大きく売られた」というコメントが掲載される。

その企業が本当は経営破たんせざるを得ない状況でなかったとしても、株価が急落し、新聞にコメントが載ることで、人々は疑心暗鬼に陥り、その企業の株を保有している投資家は一刻も早く逃げ出そうと保有株を叩き売る。それがさらなる株価の急落を招く。

投資家だけではない。取引先も、取引銀行も、経営破たんが取り沙汰されて株価が急落する企業に対して不信を強め、やがて自分たちを守るために取引や融資を打ち切ってしまう。それが、本当にその企業を破たんに追い込むのだ。

当初にその企業の破たんを予測して株を空売りした投資家は、見事に予測を的中させて大きな利益を得る。だが、彼の予測が当たったのは、**予測したこと自体が原因となってそのとおりの結果が起きたから**である。

こうした極端な負の連鎖がいつでも起きるというわけではない。だが、こうしたプロセスに巻き込まれてしまった側からすれば、悪いことが次々と襲い掛かってくるようなものだ。そして、さらに重要なこととして、こうした状況の中で人は型にはまったような反応パターンを示し、それが事態をますます悪化させてしまうことが多い。

しかも、危機的な状況で何かに失敗すると、その失敗を取り返そうとして焦ってしまい、かえって失敗を重ねるようになってしまう。こうして、悪いことの連鎖が失敗の連鎖を呼び、やがて致命的な事態に至るのだ。

つまり人は、**自己増幅的フィードバックがもたらすデキゴトの連鎖に対して、それが良い方向に向かうものであろうが、悪い方向に向かうものであろうが、間違った反応パターンを示し、失敗をしてしまいがち**なのである。不確実性がもたらす本当のリスクを理解するためには、こうした人間の心理的な反応パターンをあらかじめ知っておくことが必要になる。次章ではそれをみていくことにしよう。

column

03

陳勝呉広—劇的な成功と、劇的な没落—

紀元前209年、秦帝国が支配する中国で、陳勝と呉広という農民階級出身の二人の無名な人物が小さな反乱を起こした。普通なら、簡単に鎮圧されてしまうような規模のものだ。

だが当時、秦帝国は宦官の趙高によって牛耳られていた。宦官は皇帝の後宮を差配する存在にすぎないが、趙高は後宮にこもりっきりの皇帝の権威を借りて権勢をふるっていたのだ。

趙高は、反乱鎮圧という軍事行動が必要になれば、皇帝が直々に将軍たちとやり取りするようになって、皇帝の意思を人々に伝えるただ一人の代理人としての自分の権勢のよりどころが失われると思った。そこで、反乱の事実をないものとして、皇帝の耳に入れないように厳重な情報統制を敷いたのである。そのために、反乱鎮圧の軍事行動は大きく遅れることになった。

陳勝呉広の乱は、こうして鎮圧されることなく、秦の圧政に反発する多くの勢力を集めて急膨張を開始した。彼らのもとに一定の勢力が集まると、今度はそのことを理由にさらに多くの勢力が集まってくる。自己増幅的フィードバックが回り始めたのだ。やがて、10万を超える群勢が集まってきた。それだけの群勢があれば、大きな都市を占領することも簡単にできる。そして、大きな都市を占領すればさらに多くの勢力が彼らのもとに集まってくる。

わずか数か月後に、陳勝呉広は張楚という一大王国を築き上げた。世界史的に見ても、他に例を見ない劇的な成功である。しかし、その大成功に伴って張楚は次第に内部から崩れ始める。

成功への慢心が生まれ、陳勝と呉広の間には疑心暗鬼が生じ、何をやってもうまくいかなくなり始めたのだ。すると、今度はうまくいかないことで人心が離反し、人々の心が離れることでさらにモノゴトがうまく運ばなくなるという悪循環に陥る。やがて秦の名将、章邯将軍の反撃により、蜂起からわずか半年後に張楚はあっけなく滅亡するのである。

こうした急激な成功とその後の破滅へと至る急展開においては、陳勝や呉広の個人的な資質や行動を超えた大きな力が働いている。陳勝も呉広も、自分たちがここまで成功するなど思いもしなかっただろうし、成功した後は、これだけの成功を収めた自分たちがやすやすと滅亡に向かうなど考えられもしなかったに違いない。だが、**自己増幅的なフィードバックの力は想像を絶するほどに強力で、しかも一瞬で逆向きの急反動に切り替わる。**

陳勝呉広の乱は非常に劇的な例といえるが、実際にこれとよく似たことは、コトの大小を問わず、いつの時代にも頻繁に起きている。

歴史とは人々が織りなすドラマであり、そこには多くの英雄や天才が登場する。だが、その背後には、そうした**個々の存在を超える非常に強力な推進力が働いていること**とはぜひとも理解する必要がある。

自己増幅的なフィードバックと自己抑制的なフィードバックのせめぎ合い、偶然によるスイッチの切り替え、そうしたメカニズムが歴史を動かす原動力となっているのである。

第4章

人間の心理バイアス

——失敗はパターン化される——

人の心理的反応

皆が同じ方向に間違える

この章では、不確実性に対する人の心理的な反応のパターンをみていく。

すでにこれまでも、人の心理的な反応パターンが不確実性にまつわる問題への対処を難しくしている点についていくつか触れてきた。

たとえば、人にはモノゴトを明確な原因と結果による因果関係で捉える癖があり、そのため、因果関係を持たないランダム性の果たす役割を常に過小評価してしまう。また、バブル期には、羨望や横並び意識からリスクを軽視するようになってしまうし、成功や失敗の連鎖に対しても、過信に陥ったり、失敗を取り戻そうと焦ったりして事態を一層こじらせてしまい、適切に対処することが難しい。こうした人の心理に備わる傾向的な癖のことを心理バイアス（または認知バイアス）と呼ぶ。

人にはモノゴトを合理的に考える能力がある。そう考える人も多いはずだ。そして、それはある意味で正しい。合理的に思考する能力は、言語を獲得したヒトだけに備わっている特殊な能力である。だが、だからといって人が常に合理的にふるまうなどと考えてはいけない。

自分は合理的な人間だといくら思っていたとしても、すべての人の心理にはさまざまな心理バイアスが染みついていて、時と場合によって自分でも知らないうちに不合理な行動や判断をしてしまうものなのだ。

ここで重要な点は、心理バイアスの問題を取り上げる際に、人が判断を間違えることそのものを問題にしているわけではないということだ。多くの人が間違った答えを出したとしても、その間違いが特定の偏りを持たないバラバラなものであれば、バイアス、つまり偏りは生じない。その場合には、個々の判断は正しいとはいえなくても、大勢の人の意見を集約することでバラバラな判断ミスが相殺され、概ね正しい答えが導き出される。あとは、どうすれば多数の意見をうまく集約できるかという点だけが問題となる。

だが、人が**「バイアスに囚われている」という場合には、ただ単に個々の判断が間違うのではなく、皆が同じ方向に間違えてしまう**ことを意味している。

もちろん、バイアスのかかり方は人それぞれで差がある。そのバイアスのかかり方のバラつきは多数の意見を集約することで相殺されるが、バイアスそれ自体は残り、多数の意見は間違ったままということになる。

その場合、多数の意見を集約しても正しい答えが得られないというだけではなく、その間違いに誰も気がつかないという問題も生じる。程度の差こそあれ、**周囲が皆同じ方向に間違え、自分もまた同じ方向に間違えているとしたら、その間違いに気づくことはとても難しい**からだ。

それでも、人間の心理バイアスの特徴を知ることで、人がどの方向に間違いやすいのかはあらかじめ知ることができる。人の判断の偏りは、多くの場合パターン化されており、心理学者のダン・アリエリーのベストセラーの題名どおり『予想どおりに不合理』なのである。

ただし、人がバイアスを持った存在で、不合理な判断をしがちであるということは、必ずしも否定的な意味のみを持つものではないという点は、強調しておきたい。

心理バイアスは人が長い進化の歴史を生き抜く中で培われてきたものであり、その多くは、進化の特定の場面で役に立ってきたものなのだ。

人が進化によって生まれてきたものならば、心理バイアスもまた進化の産物である。それは、人の人たる所以ともいえるものであり、その存在を否定しても何も始まらない。そういうものなのだと、ありのままに受け入れるべきものなのである。

ただ、特定の場面に役に立つ（あるいは役に立った）バイアスが、別の特定の場面では問題になることがある。その代表例が、本書で取り上げている不確実性への対処の問題だ。この不確実性と心理バイアスの関係を無視して、不確実性への対処法を議論することはできない。

そこでまずは、不確実性への対処を考えるときにぜひ頭に入れておきたいものに絞って、人間の心理バイアスのいくつかを紹介しておこう。

過剰な因果関係づけ

すでに何度か触れているが、人はモノゴトを単純明快な因果関係で捉えようとする非常に強いバイアスを持っている。

他人よりも努力したから報われる、頭がいいから成功する、悪いことをすれば罰せられる、景気が良くなるから株価が上がる等々、我々の世界認識のほとんどは、このような単純明快な因果関係によって構成されている。

たとえ、現実がもっと複雑で微妙なメカニズムによって成り立っていたとしても、人は単純明快な因果関係に置き換えてモノゴトを捉える。

このバイアスは、**「たとえ厳密にいえば正しくないとしても、概ね正しい判断」を瞬間的に下せるように培われてきたもの**だと考えられている。

人の進化の過程のほとんどは大自然の中の過酷な環境のもとで進行したものだ。近くでガサゴソと音がしたら、天敵が潜んでいる（原因）→音がする（結果）、という単純な因果関係を思い浮かべ、その場から逃げ出す。それが常に真実であるとは限らないが、たとえ無駄足を踏むことが多かったとしても、過剰な反応をすることによって危険を避けることができ、生き延びる可能性が高まる。

確率をあれこれ考えるよりも、因果関係を決めつけて、パターン化した行動を瞬間的にとった方が有利なことが多かったのだ。

人類が最古の文明を生み出して、高度で複雑な社会で生活をするようになったのはたかだかここ1万年以内のことであり、十分な遺伝的変異が起きるにはあまりにも時間が短すぎる。つまり、人間の遺伝的な能力は基本的にそれ以前の原始時代のものを、ほとんどそのままに引き継いでいる。

だが、我々は今、我々の遺伝的能力を育んだ原始時代とは明らかに違う非常に複雑な社会で、まったく新しいタイプのさまざまな不確実性に対処しながら生きていかなければならない。

そうした不確実性に対処するには、太古の自然を生き抜くのに役立った我々の能力は、役に立たないどころか、むしろ障害となってしまうことも多いのだ。

過剰な因果関係づけは、ビジネスの世界ではとくに強くみられる。このバイアスは、複雑なデキゴトを簡単に理解して、問題解決を探るにはとても役立つものなのだ。だから、仕事がデキる人ほど、複雑なデキゴトを簡単な因果関係に置き換えることが得意であることが多い。だが、この過剰な因果関係づけによって、現実の世界の複雑性は無視され、不確実なデキゴトに対しても因果関係を理解することで対応が可能だ、という錯覚を生んでしまう。それが、不確実性を正しく理解して適切に対処するうえで、大きな障害となるのである。

自己奉仕バイアス

人は、成功の要因を自分に求めたがる。その成功が他人や偶然のおかげだとは思わな

い。一方で、失敗については自分以外にその要因を求めたがる。

「うまくいったのは自分のおかげ、うまくいかなかったのは他人のせい」というわけだ。これが、自己奉仕バイアスと呼ばれるものである。

たとえば株式投資では、あてずっぽうによって投資判断を決めたとしても、必ずしも負けるとは限らず、勝つことも多い。ダーツ投げをするサルがファンドマネジャー顔負けの運用成績を残せるのと同じことである。しかし、たまたま勝ちが続いたりすると、自分が優れているから勝てたのだと思い、自分には投資の才能があると感じるようになっていく。

逆にうまくいかなかったときには、自分の判断や投資のやり方が間違っていたと思うよりも、運の悪さのせいにしたり、市場を牛耳る誰かが相場をおかしな方向に操作しているのではないかと勘繰ったりする。

この自己奉仕バイアスにも、もちろん利点がある。成功は自分のおかげと考えることで、前向きな自信を維持できる。また、失敗は自分以外の要因のせいと考えることで、失敗に対していちいちくよくよしなくて済む。自己奉仕バイアスのおかげで、人は失敗を引きずらずに、断乎とした前向きの行動がとれるようになるのである。

太古の自然では、あれこれ思い悩むよりも、断乎とした前向きの行動をとる方が生き延びる可能性が高まる。現代の社会においても、自信に満ちた人の方が大胆な行動を素早くとることができ、周囲にも影響力を持ちやすい。

だが、不確実性のもとでは、偶然やフィードバックによって成功や不成功がもたらされることがある。

自己奉仕バイアスを持つ人間は、そうした不確実性による成功に対しても自分の貢献度を過大に評価し、その特殊な局面でたまたまうまくいった自分のやり方を絶対視してしまうようになる。また、失敗の連鎖に見舞われたときには、「今はたまたま運が悪いだけだ」と考えるだけで、自分のやり方を変えようとは思わず、失敗の連鎖から抜けられなくなってしまう。

こうした傾向は、過去に大きな成功体験を持ち、周囲からも一目置かれているような人ほど陥りやすい罠だといえるだろう。

自己正当化の欲求

自己正当化とは、一度自分が下した判断や、とった言動に対して、それを正当化するために自分の中でつじつま合わせをしようとすることである。人間は、とにかく自分が間違っていたとか、失敗したとかいうことを絶対に認めたくない生き物なのだ。

この欲求は非常に強いもので、自分を否定する（と感じられる）異論に対して、人は異常なほどに強い拒否反応を示す。また、自分に都合の良い情報は目ざとく見つけてきて自己正当化に利用しようとする一方で、自分に都合の悪い情報は、無視したり、些細な点をあげつらって否定しようとする。

たとえば、思いつきからある株を買って、その株価がその後に下がったとしよう。人は自分の判断が間違ったものだったとは思いたくないので、市場に出回るさまざまな情報の中から、その株が有望であるというものだけを集めてきて「株価下落は一時的なものであり、自分の判断が決して間違っていたわけではない」と思い込むのである。つまり、失敗などしていないと自分に信じ込ませるために、自分に対して嘘をつく。

この自己正当化も、本来は前向きな自信を維持するために役立っている。多少の紆余曲折や障害にもめげずに、自分は間違っていないと信じ、前に向かって突き進む力を与えてくれるのだ。そうすることで、困難に打ち勝って、道が切り開かれることもたしかにあるだろう。

だが、株式投資では、これが非常に危険な事態を招いてしまう要因となる。

その株を買ったときには、単に「ちょっと上がりそうだな」というくらいの軽い気持ちで買っただけなのに、株価が下がって自己正当化のメカニズムが働き始めると「この株は、本当は良い株なのだ」とか「今は下がっていても将来必ず大化けするに違いない」などという新しい理屈を後付けでどんどん付加していってしまうのだ。その理屈は、その株を買っていなかったら決してそのようには思わなかったはずのものである。この後付けの理屈によって、下がり続ける株を手放すことができずに、ずるずると損失が拡大していくはめになる。

つまり、人はいったん何かを判断したり、行動したりすると、「そうしていなかった場合には決して抱くことがなかったはずの理屈」に囚われてしまう。だから、自分が当事者でない場合にはモノゴトを客観的に、合理的に見ることができたとしても、自分が当事者になって判断をしたり行動したりするようになると、とたんに客観性や合理性を失うことになるのである。

この自己正当化は、個人の内面でも、あるいは組織の内部でも非常に強く働く。その事例のひとつとして、無理数の発見にまつわる悲劇を紹介しておこう。

ときは古代ギリシャ時代、有名な「ピタゴラスの定理」を発見したピタゴラスを中心に、数に潜む神秘を追い求めるピタゴラス教団が結成された。教団内では、数というものは必ず整数を分母、分子とする分数、つまり有理数で表すことができると信じられていた。ところが、皮肉なことに「ピタゴラスの定理」から導き出される$\sqrt{2}$という数字は、整数を分母、分子とする分数では表すことができない。こうした数のことを無理数というのだが、この$\sqrt{2}$が無理数であることを発見してしまった教団のメンバーは、伝承によると、教団の教義を守るためになんと海に沈められて殺されてしまったのである。

同調

人間は社会的な生き物である。自分一人で大自然を生き抜いていく孤高の生き物ではなく、常に群れを成し、その中での自分の立ち位置を確かめながら、周囲に合わせて生きていく。そのために、周囲の顔色や場の空気を窺いながら、それに合わせて自分の考えを無意識のうちに修正するバイアスを強く持っている。それが同調と呼ばれるものである。

この同調がもたらすメリットはあらためていうまでもないだろう。この同調こそが、人間の強い社会性を生み出すもととなり、その社会性がこれだけの文明を築くことを可能ならしめたのである。

だが、その同調によって、人が集まって集団で意思決定をする際、ときに理解に苦しむような思わぬ結論を導き出してしまうということが起きる。

たとえば、過激派グループやカルト集団が形成される際には、その集団内で強い同調現象が働いていると考えられる。もっと身近な事例でも、優秀なメンバーを集めて意思決定をしたはずなのに、傍から見るとなんとも愚かな決定を下してしまったり、個々のメンバーが心の底では誰ひとり望んでいない結論が、参加者の総意として導かれてしまったりすることがある。そうした事例のひとつとして、ここではアビリーンのパラドックスと呼ばれるものをみてみることにしよう。

あるグループが、休日に旅行に行くことを計画したとする。

メンバーの一人が、たいして行きたいわけでもないのだが、話のとっかかりにと思ってアビリーン（テキサスにある地名）に行くことを提案する。次に、別のメンバー一人が、その提案を魅力的だとは思わなかったものの、別の良い案が思いつかず、最初の提案者の意見を無碍にするのもためらわれて、賛意を示す。すると、それ以外のメンバーも、心の中では乗り気ではないのだが、皆がそう言っているのだから自分一人が反対するのも気が引けて、次々に賛成していく。こうして、一行は全員一致でアビリーンに旅行に行くことを決める。だが、本当のところ、誰一人としてアビリーンに行きたい者などいなかったのだ。

三人寄れば文殊の知恵というように、一人で考えるよりも複数で考えた方がいいアイデアが浮かぶ場合もある。だが、それも参加者が周囲に合わせようとするバイアスに囚われずに、自由に意見を表明できる場合に限った話だ。同調が強く働くと、集団内の意見がある一定の方向に流されて、誰も望まない極端な結論に導かれてしまうことになる。

バブルなど社会全体が不合理な方向に向かう現象の背景にも、この同調が大きく関係している。また、予想外の危機に直面した組織の内部ではとくに同調が起きやすいと考えられていて、そのような場合、予想外のデキゴトに対する個人の心理的バイアスが増幅されて、組織としての意思決定が間違った方向へと吹き寄せられる。そのような集団の内部では、多角的なモノの見方が排除され、その結果、予想外のデキゴトに対する柔軟な対応能力が奪われてしまうのである。

以上で見てきたような心理バイアスは、状況によって強く現れたり、現れなかったりする。

心にゆとりがあり、冷静さを維持できる精神状態のときには、人は割と簡単にモノゴトを合理的に見ることができるし、自分の過ちを認めることもできる。ところが、**予想外の**

突発的な状況に立たされたりして、心理的なゆとりや冷静さを失ったときには、長い進化の歴史によって積み重ねられた本能的な反応に頼ろうとして、さまざまな心理バイアスが強く出てくるようになるのだ。

行動ファイナンス理論の大家で、2002年のノーベル経済学賞を受賞したダニエル・カーネマンは、これをふたつの思考システムとして説明している。

合理的な結論を導く思考システムは、スローシステムと呼ばれる。筋道を立てて、論理的に思考するためには、多大なエネルギーと時間を要するからだ。

一方、論理的な思考ではなく、パターン化された直感的な反応によって瞬間的に判断を下すのが、もうひとつの思考システムであるファストシステムである。

そして、プレッシャーがかかる状況になると、人はそこから逃れようとするあまり、余裕を失ってファストシステムに頼るようになり、スローシステムの方はファストシステムの結論を後付けで正当化するためだけに使われるようになってしまう。そのため、ファストシステムに染みついているさまざまな心理バイアスが、前面に強く現れてくるようになるのである。

それでは、こうした心理バイアスによって、なぜ不確実性に遭遇したときにうまく対処できなくなるのかを次にまとめておこう。

人はなぜ不確実性にうまく対処できないのか

不確実性の過小評価

人は、不確実性を過小評価する。それは、今述べてきたような心理バイアスの結果によるものである。

不確実性には、ランダム性に起因するものと、フィードバックが生み出すカオス的不確実性があるということだった。

ランダム性は因果関係によらずに結果が生まれるメカニズムであり、単純な因果関係を重視する人間には、どうしてもその役割と効果を適切に測ることができない。

フィードバックでは、原因と結果の大きさが結びつかず、わずかな偶然のいたずらがときとして重大な結果を導いてしまう。こうした原因と結果が比例しないモノゴトもまた、人は適切に捉えることができない。

このように不確実性を過小評価する結果として、思っている以上に予想外のことが頻繁に起き、ときにとてつもなく極端だと感じられるようなデキゴトが生じる。そして、前もって想定していないデキゴトが起きることで、人は、突然窮地に立たされる。このプレッシャーのかかる状況が、さらにファストシステムへの依存を生み、偏った意思決定をしてしまう原因となるのだ。

さらに補足をしておくと、不確実性を過小評価した人々が予想外のデキゴトに過剰に反応すること自体がフィードバック・ループの一環をなして、極端なデキゴトをさらに極端なものにしてしまうこともある。

株式市場のクラッシュはまさにそうした現象の代表例だ。全員が相場の下落に備えていたら株価の暴落は起きない。誰もが予想外のデキゴトに慌てて、出口を求めて殺到するから暴落が起きる。株式市場にたびたびクラッシュが起きるのは、人々がそのような事態が起きる可能性を過小評価しているからこそである。つまり、**人々による不確実性の過小評価自体が、より大きな不確実性をもたらす要因となる**のだ。

予測への過度の依存

人はとにかく予測を信じたがる。実際には、予測の多くは外れるのだが、そうしたことは人の記憶に残らず、次もまた相も変わらず新しい予測に飛びつくのだ。

あるとき、予想外のデキゴトに見舞われたとしよう。たとえほとんどの人がそのデキゴトを予測できていなかったとしても、必ずといっていいほどに、そのことを見通していたという人物が世の中に現れる。

サブプライムローン危機のときもそうだった。そして、サブプライムローン危機の到来を予測していた人物が現にいるのだから、危機は予測できたはずだと人々は考える。予測に成功したとされる人物は称賛を浴び、危機を予測できなかったその他大勢は、単に予測を誤った愚か者という一言で片づけられる。

だが、この手の話はデキゴトが生じた後にしか成り立たない。

世の中には大勢の専門家がいる。彼らはさまざまな予測を行う。正鵠を得た精緻な分析に基づいた予測もあれば、そうではないいい加減な予測もある。そうしたさまざまな予測の中で、**その時点での分析の鋭さや正確さを評価するのではなく、結果が出た後にその結果に最も近かった予測を後付けで持ち上げる。**世の中で行われているのはそういうことだ。

だがそれは、あくまでも結果論にすぎない。決定論が成り立たない世界では、未来に何が起きるかはまだ決まっていないのだから、「事前に正しい予測」というものはそもそも存在しえないのである。

しかし、**不確実性の効果を過小評価する人間という生き物は、その裏返しとして、予測の力を過大評価する。**サブプライムローン危機の到来を予測できた人がいるのだから、次に起きるデキゴトも必ず予測する方法はあるはずだと考えてしまうわけだ。

だが、どれだけ予測の力を信じようとも、結局ほとんどの人は次に起きる意外なデキゴトを予測することはできない。ちょうど、誰かが必ず当たる宝くじを買っても、ほとんどの人は外れてしまうのと同じことである。それこそが不確実性なのだ。それなのに予測に頼ろうとすることで、結局は窮地に立たされてしまうことになる。

ここでは、ただ単に「予測は当たらないのだから無駄だ」ということを問題にしているのではない。予測をしたということによって、さまざまなバイアスが生まれ、そのこと自体が新たな失敗の要因となってしまうことを問題にしているのである。

すでに述べた自己正当化の例を思い返してみよう。

不確実性のもとでは、予測が外れることは普通に起こりうることである。だが、何かしらの予測をしたばかりに、想定外の事態の中で自己正当化のメカニズムが働き始めて、自分に都合のいい解釈をしたり、現実から顔をそむけてしまうようになる。

誤解を避けるために、あらためて整理をしておくと、すべての事柄について予測を過信するなと言っているわけではない。当然のこととして、努力を傾けることで予測の精度が上がる事柄（＝第1章で出てきた〝すでに起きた未来〟）については、できるだけその精度を高められるようにするべきである。

ここで問題にしているのは、予測ができない不確実性の部分に対しても予測で対処しようと考えることによって、かえって不確実性にうまく対処できなくなってしまうということなのである。

気合で乗り切ろうとする

世の中には、気合を入れて努力をすることで道が切り開かれることも多い。苦しいときに、あきらめずに努力を続け、チャレンジを続けていくことによって大きな成果が生まれることもある。だが、それも現実を正しく見据えて、正しい方向に努力を積み重ねる場合の話だ。

予想外の環境変化によって、今までのやり方が通用しない事態に遭遇しているときに、やり方をあらためずに気合だけで乗り切ろうとしても、その努力は報われない。そればかりか、悲劇的な結果さえも招きかねない。

世の中にはポジティブ・シンキングに対する礼賛があふれている。前向きに、夢を信じて突き進むことで、大きな成果が得られるという考え方だ。

たしかにそのような姿勢が成果に結びつくことは決して少なくないだろう。だが、ポジティブ・シンキングは、ときに自分にとって都合のいいものにしか目を向けないという姿勢につながることがある。そうなってしまえば、不確実な世界をうまく生き延びることは難しくなる。

気合に頼るという姿勢は、前向きに望ましいことだけを考えるという点で、ポジティブ・シンキングのひとつの形態といえる。だが、気合だけですべての局面を乗り切れるわけではない。ときには、自分にとって最悪な状況となることを考えてみることも必要である。

ネガティブなことをあえて想定しておくことで、破滅を避けることができる場合もあるのだ。

人は、苦境になればなるほど、気合に頼ろうとする傾向が強く現れる。文句を言わず、良い結果だけを信じて、一致団結して危機を乗り切ろうというわけだ。だが、苦境に陥っているのなら、今までのやり方がうまくいかない局面に差し掛かっていることをまずは疑うべきだ。もしそのとおりであれば、やり方を修正したうえで努力を傾ける必要がある。

気合に頼る精神論は、そうした戦略の機動的な修正を困難にし、的外れの方向に努力を重ねる結果につながってしまう。

失敗のパターン1：成功体験と自信過剰

成功は失敗のもと

目覚ましい成功を収めて一時代を築き、しかし、その後に時代の変化についていけずにズルズルと衰退の道を歩むというパターンは、歴史の中で繰り返しみられるものである。

大阪の小さな小売店からスタートしたダイエーは、瞬く間に日本の小売業最大の企業にまで駆け上がり、まさに一時代を築いた。

ダイエーの経営の大きな特徴は、第一に、大量仕入れ・大量販売による低価格の実現である。そこそこに品質がいいものを、いつでも安い値段で買うことができる。それが、高度成長期の人々のニーズをぴたりと捉えたのだ。

第二に、上がり続ける不動産価格を背景とし、店舗用不動産を担保に多額の資金を借り入れて急激に自社店舗を増やす戦略もその急成長を支えた。

第三に、カリスマ性のある創業経営者によるスピーディーな経営判断も、大きな力となった。

しかし、ひとつのやり方がいつまでもうまくいくとは限らない。やがて1980年代のバブルがはじけ、ダイエーの苦境が始まった。


成熟した低成長経済では、消費は爆発的に増えず、人々は量よりも質、そこそこの品質ではなくより高い品質、あるいは商品の個性や特徴を求めるようになる。ダイエーの大量仕入れ、大量販売のやり方は時代に合わなくなり始めていた。

もっとも、これはダイエーだけの問題ではなく、総合スーパーマーケットという業態自体の問題だった。だが、ダイエーは前の時代に最も成功した業界の覇者だったからこそ、それまでの成功体験を捨てられず、他のライバル社と比べても新環境への適応に大きく出遅れることになったのである。

不動産担保金融を背景にした店舗の拡大も、担保としていた不動産価格の低下によって、ダイエーには重すぎる負担となっていった。また、絶対的なカリスマ性を誇る創業者の存在も、経営戦略の転換には足かせとなった。

つまり、過去の成功の要因となったものが、新しい環境では重荷になり、弱みとなったのだ。思わぬ環境の変化に遭遇したときに、**過去に成功した者ほど、自分たちのやり方を過信し、新しい環境に適応するのが遅れる。**[※12]強い企業ほど、その強さゆえに不確実性への意識が薄れ、過去の強みが現在の弱みに変わっていくのである。

成功ではなく、失敗から学ぶ

こうした成功体験に起因する失敗のパターンに陥らないために何が必要なのだろうか。ここで、不確実性に対する理解が生きてくる。

過去の自分たちの成功は、自分たちが思う以上に偶然やフィードバックによってもたらされたものかもしれない。別の偶然や別のフィードバックによって、今とはまったく違う環境が現れ、自分たちのやり方がうまくいかなくなるということも十分に起こりうる。そう考えることで、ある程度は環境変化に対する柔軟性を維持することができる。

自分たちの強みを認識して、それを伸ばしていこうとすることはとても大切なことだ。だが、それに執着してはいけない。**成功からは過度に学ぶべきではない。学ぶべきは、むしろ失敗から**である。

※12　既存の製品やサービスで大成功を収めた大企業が、まったく新しい「破壊的イノベーション」を提供する新興企業に競争で敗れることを意味するイノベーションのジレンマも、その一例と考えられる。

中国史上で屈指の名君とされる唐の太宗、李世民は、天下が落ち着いたころ、臣下たちに創業と守成はどちらが困難かという問いを発した。そして、議論の末に、守成は創業以上に困難であり、創業が成った今、その守成の困難に立ち向かわなければならない、と結論づけた。「創業は易く守成は難し」という故事成句はここから生まれている。

成功に奢れば国家の繁栄は維持できなくなる。李世民は、そのような成功の罠に陥らないようにするために、わざわざ自分に諫言するための役職まで設けて、慢心に陥らないようにした。李世民は、兄弟間の血で血を洗う抗争を勝ち抜き、かなり強引なことをやって皇帝の座についたのだが、自らの成功体験と決別し、慎重細心な国家運営を心がけたことで長きにわたる唐繁栄の礎を築くのである。

高名なヘッジファンドマネジャーであるポール・チューダー・ジョーンズは、1987年のブラックマンデーによる株価暴落の予測を当てて大きな利益を上げ、以来、一貫してヘッジファンド業界の中心的存在であり続ける相場の成功者だ。

一般投資家にとっては、不確実性を克服した英雄の一人とみなされる存在である。だが、そんな彼は、投資で成功する秘訣を次のように語っている。

「英雄を気取ってはいけない。自己中心的な考え方をしてはいけない。常に自分自身とその能力を疑ってみる。自分はうまいんだなどと思ってはいけない。そう思った瞬間、破滅が待っている」（『マーケットの魔術師』より）

こうした考え方こそが、不確実性を生き抜くために必要なものなのである。

また、ジョーンズは、攻撃よりも防御が重要であることも指摘している。これは李世民にも通じる考え方だ。そして、「最悪の結果を招かないようにするためにも、常にノックアウトされないように配慮すべきだ。ノックアウトされなければ、反撃のチャンスは再びやってくる」と説いている。

成功を過大視しない。自分を過信しない。そして、予想外のことが起きることを想定し、予測が外れても破滅的な状況に陥らないように常に注意を怠らない。そのかわり、失敗すること自体は恐れずにトライを繰り返していく。

これが、不確実な世界を生き抜いてきたジョーンズが見出した答えだったのである。

失敗のパターン2：サンクコストと自己正当化

過去に縛られる

近代的な組織では、何か目標を立て、その目標を達成するための計画を作成し、それに沿って事を進めていく。具体的で明確な目標があるときに、それを達成するために計画的に行動することは、たしかにとても強力で有効なやり方だ。だが、不確実性のもとでは、完璧な計画は作りえない。そして、表面的に完璧に見える計画ほど、後に大きな問題を引き起こすことになりやすい。

世界が不確実なものであれば、計画の実施途上で予想外のデキゴトに出くわしたり、思わぬ環境の変化によって目標の達成が困難になったりすることは当然に起きることだ。だが計画には、**計画どおりに事を運ぶことそのものが目的化するという性質が備わっている**。そのために、途中で起きた予想外のデキゴトを無視したり、達成が難しくなった目標に必要以上にこだわったりして、かえって傷口を広げてしまうことになりがちなのだ。

こうした傾向は、サンクコストと自己正当化というふたつの概念で説明される。

サンクコスト（埋没費用）とは、その計画にすでに投じた費用のことだ。

計画を計画どおりに実施するか、あるいは中止や変更をするかは、本来は純粋に計画を続行することで発生する将来の「追加費用」と「便益」で判定すべきである。過去に投じた費用は、あくまでも過去の話であって、将来の見通しには影響しない。もし計画を続行することで追加的に損失しか生まないのならば、過去にいくら費用を投じていようが、中止して損失を最小限にとどめなければならない。

だが、実際には多くの場合、その計画の将来の見通しではなく、過去に投じた費用の大きさで計画の存廃が左右されてしまう。

典型的な例として、シャープの液晶への過剰投資が挙げられる。

２０００年以降にシャープが亀山工場と堺工場に投じた設備投資資金は合計で９４５０億円ともいわれる。ところが、液晶の価格低下、スマートフォン向けなど中小型製品への需要のシフトなど、液晶事業をめぐる環境変化により、この巨額の設備投資資金を回収する目処が立たなくなってしまったのだ。

ここで本来考えなければいけないのは、将来の収支の見積もりである。

設備の稼働を続けることで、利益ではなく損失が発生し続けるならば、設備投資資金を回収するどころか新たな損失を積み上げることになる。一方で、設備を売却するなり、縮小するなりして、追加損失を抑える措置をとれば、設備投資自体は失敗だったことが確定するものの、ずるずると損失が拡大する最悪の事態は防ぐことができる。

結果的に、シャープは損失をずるずると拡大させる道を選んでしまったのだが、その判断の背景には「9450億円もの巨費を投じた設備投資を失敗という形に終わらせたくない」という心理が働いたことは間違いないだろう。

計画にこだわって傷口を広げてしまう背景には、自己正当化も大きな役割を果たしている。

計画の変更や中止は、多くの人に計画の失敗とみなされる。計画の立案者や承認者、推進者にとって、自分たちの計画の失敗を認めることにつながるような決断は、とても難しいものなのだ。だから、変更や中止もできない。

傍から見るとどれだけ無謀な計画にこだわっているかが明らかな場合でも、当事者にとっては自分たちの計画を正当化しようという無意識の欲求によって、その現実が見えなくなっているのである。

「時価」で考える

サンクコストや自己正当化の罠に陥らないようにするためには、そもそも世界に不確実性が満ちていることを最初に認識することがとても大切である。

計画が計画どおりにいかないことは、普通に起きることだと考えるべきだ。そもそも、完璧な計画を作ろうとして緻密なものを作れば作るほど、不確実性のせいで現実との齟齬は時間の経過とともに大きくなっていく。予想外のデキゴトが起きたときに、それに柔軟に対処していくということが前提として含まれていない限り、計画は身動きを縛るものにしかならない。

また、組織の総力を傾けた大計画になればなるほど、サンクコストや自己正当化の呪縛に囚われやすくなってしまうという面も見られる。絶対に計画どおりに事を運ばなければならないということが至上命題になって、無理に無理を重ねてしまうわけだ。シャープの大型投資も、まさにそれに当てはまる。

だが、組織の本来の目的は、あるひとつの計画を計画どおりに実行することにはないはずだ。不確実な世界の中で、予想外のデキゴトに遭遇したとしても組織が生き残ることができるようにし、予想外のチャンスが来たときにはそれをしっかりとつかんで、長期的な成功を果たす。個々の計画は、その究極の目標を阻害するものであってはならず、そうした観点から常に見直されていくべきものだ。

サンクコストや自己正当化の罠から逃れるためには、「時価」で考えるということも重要である。

わかりやすいように、株式投資を例にして考えてみよう。ある株を一株あたり1000円で買って、それが900円に値下がりしたとする。つまり、100円分の評価損失が発生したことになる。ただし、この損失は単に評価上のもので、確定しているわけではなく、もし株価が1000円に戻ったときに売却すれば最終的に損失は発生しない。このように考える人は非常に多いだろう。

だがこれは、将来に対する見通しではなく、過去に投資をした1000円という価格を基準にした考え方といえる。**1000円を下回る価格で売りさえしなければ損失は確定しないと考えることは、うまくいっていない計画を正当化することと、何も変わらない。**

たしかに、株価の変動は不確実なので、いったん900円にまで下がった株価が1000円に戻ることもある。だが、そうはならないこともある。

時価で考えるとは、株価が９００円に下がった時点で、実際に１００円分の損失が現実に発生したと考えることだ。

当たり前のように聞こえるかもしれないが、実際に当事者になってみると、評価損失を確定した損失ではないと考えるようになってしまう人は数多くいるのである。

しかし、評価損失もまた現実の損失である。１００円分の評価損失が発生しているということは、株をいったん９００円で売却して１００円分の損失を確定させ、そのうえであらためて同じ株を９００円で買い直していることとなんら変わりはない。

つまり、評価損失と確定した損失に本質的な違いなどなく、損失が発生したうえで、あらためてその損失を生んだ株に再投資しているのと同じことなのである。だから、この時点で考えるべきことは、「その株に今再投資をすることが本当にベストな選択なのか」ということだ。

評価損失を確定した損失にしたくないという考えに囚われていれば、その株を持ち続ける、つまり再投資し続けるしか選択肢はなくなる。だが、評価損失も現実の損失なのだと考えれば、実際にその株を売却して損失がそれ以上に拡大しないようにするか、あるいは現時点でもっと有望に思える別の株に投資先を切り替えるという判断もできるようになる。

このように時価で考えることは、サンクコストと自己正当化の呪縛から逃れるうえで、とても重要な考え方となるのである。

ちなみに、時価とは何を表しているものなのだろうか。株の時価は、市場で取引されている現時点の価格だ。経済的な意味合いとしてみると、「その株が将来生み出すであろうと予想される配当の期待値」であると考えることができる。つまり、過去にどのような価格で取引されたかどうかにかかわらず、将来の見通しだけに基づいて形成されるのが時価なのである。これは、株だけでなく、設備でも、不動産でも、どんな資産においても変わらない。

株式投資とは違って、企業の事業計画や設備投資の場合は、時価評価をすること自体がそれほど簡単なことではない。それでも、できるだけ客観的な将来の見通しだけに基づいた評価を心がけるだけでも、サンクコストと自己正当化に対する有効な歯止めとなるはずである。

失敗のパターン3：希望的観測と神頼み

苦しいときの神頼み

藁にもすがるという言葉があるとおり、人は苦しい状況になればなるほど、何かにすがりたくなる。奇跡が起きて、状況が一変し、うそのように苦境が消えてなくなってしまうことを乞い願わずにいられないのだ。もちろん、どんな状況でも希望は失いたくないものだが、実際に奇跡が起きることは滅多にない。

むしろここで思いを巡らせなければならないのは、その苦境が、悪い方向に働く自己増幅的なフィードバックによって引き起こされている可能性があるということだ。そうであれば、悪いときにはさらに悪いことが起きやすくなり、希望的観測は裏切られる可能性が高くなる。

1990年代の日本では、バブルの崩壊に伴い、金融機関の経営不安が深刻なものとなっていた。

不良債権の急増によって銀行の財務状況は急速に悪化し、貸出の担保としてとっていた不動産の価格下落と、大量に保有していた持ち合い株の価格下落が、経営を大きく圧迫する要因となったのだ。それらの資産価格の下落から追加損失が発生しないようにするためには、できるだけ早く不動産や株の処分を進め、損失を確定させていかなければならない。だが、そうした抜本的な改善策がとられることはなかった。

不動産価格や株価の下落は一時的なものであり、しばらく我慢していればそのうち状況はきっと好転するはずだという楽観的な見方が、当の金融機関だけでなく、金融機関を指導する立場にあった当時の大蔵省でも優勢だったのである。だが実際には、悪い方向に働く自己増幅的フィードバックがすでに回り始めていた。

不動産価格や株価の下落は金融機関の経営体力をむしばむ。その金融機関の経営悪化によって、金融機関が保有する不動産や株が売りに出されるという観測が強まって新たな価格下落圧力につながる。そうした悪循環が、とどまることなく続いていったのである。

やがて何年もたって、バブル崩壊の影響の大きさに誰もが気づいたときには、金融機関が自力でこうした状況を抜本的に処理する体力は失われていた。しかし、それでも希望的観測だけは失われることがなかった。いや、むしろ状況が苦しくなるほどに、希望的観測にすがる気持ちは強くなっていったのである。

「不動産価格も株価も、もうここまで下がったのだから、さすがにこれ以上は下がらないだろう」

「なんだかんだいって、大手銀行がつぶれるはずはない。最後は、政府が必ず何とかしてくれるはずだ」

だが、そうした希望的観測が報われることは、少なくともいくつかの金融機関にとってはなかった。

アジア危機やロシア危機、消費税増税のあおりを受けた景気悪化など、悪いときに悪いことが重なり、1997〜8年にかけて、北海道拓殖銀行、山一證券、日本長期信用銀行（ちなみに筆者が最初に勤めた会社である）、日本債券信用銀行などが破たんする事態に至ったのである。

人は苦しい状況になればなるほど、リスクに鈍感になり、希望的観測にすがるようになる。だが、そうした希望的観測は、事態の解決には何の役にも立たないばかりか、抜本的な対策を遅らせて、より大きな危機を招き寄せることにしかつながらないのである。

〉「カサンドラの声」を聞け

危機的な状況に陥り、報われることのない希望的観測にすがるより他になくなる事態を避けるためには、状況を自力でコントロールできるうちに、さらに悪いことが起きることを想定してリスクの元を絶つしかない。

1990年代の日本の金融危機でいえば、まだ銀行の体力が十分にあった時点で、不動産価格や株価の下落が一時的なものに終わるはずだという楽観的な見方を排して、もっと悪い状況になるかもしれないという危機感を持ち、早めに抜本的な処理をしておくべきであった。

もっとも、危機が深刻化する前に抜本的な対策を打つというのは、実際にはとても難しいことである。**抜本的な対策には痛みが伴うため、「今はまだそこまでやる必要はない」という意見が必ず出てくる**からだ。だが、誰もが事態の深刻さを認識できるようになったときには、すでに打つ手がなくなってしまっている可能性が高い。

インテルをマイクロソフトと並ぶPC時代の覇者に押し上げたアンドリュー・グローブは、経営者というのはパラノイア（偏執狂）でなければならないといっている。どんなに調子が良いときでも、ライバルに出し抜かれるのではないか、何か予期せぬ悪いデキゴトが起きるのではないかと、常に心配でたまらないというくらいでなければ企業を永続的な成功に導くことができないというのである。

またグローブは、経営者は組織の中の「カサンドラの声」に耳を傾けなければならないともいっている。カサンドラとは、ギリシャ神話に出てくるトロイの王女の名前だ。彼女は、戦争になればトロイは敗れ、滅亡すると予言をしたのだが、誰もその言葉に耳を傾けることなく戦争を開始し、結局その予言どおりにトロイは滅亡してしまった。

グローブがいう「カサンドラ」とは、組織にとって都合の良くないことを予測したり、組織の将来に対して警鐘を鳴らしたりする人間のことである。

普通、そうした予測や警鐘は、耳触りの悪いものであるがゆえに、忌み嫌われて無視される。だが、そうした警鐘を鳴らす人間には、他の人間がまだ気がついていない何かが見えているのかもしれない。だから、そうした声を切り捨てるのではなく、むしろ真摯に向き合うことによって、危機を芽のうちに摘みとることが可能となる。

もっとも、人や組織はいつも安全な道を渡れるとは限らず、ときに危険を冒して勝ち目の薄い戦いをすることを余儀なくされる。そんなときにでも、最悪のシナリオを想定し、備えをしておくことはとても重要なポイントとなる。

１９０４年、日本はロシアとの戦争を決断した。ロシアは、当時の日本よりもはるかに強大な軍事大国であり、戦争開始の決定は日本にとってまさに苦渋の決断だった。だからといって、日本は神頼みで戦おうとはしなかった。かろうじて優勢を保てるかもしれない地域に戦場を限定し、戦局が優勢なうちに講和に持ち込むために、可能な限りの手段を尽くしたのである。

維新の元勲の一人である伊藤博文は、「恐露病」と揶揄されながらも最後まで開戦回避の道を探り続け、最終的に開戦に同意したときも、努力すればなんとかなるなどとは考えなかった。

彼は最悪の事態さえ予想し、腹心の金子堅太郎に対して、陸軍が満州で敗北し、海軍が日本海で敗れたときは、自分も幕末のころに戻って一兵卒として戦って死ぬつもりだ、という決意を語っている。そして、その最悪の事態を回避しようとして、アメリカのセオドア・ルーズベルト大統領がいざというとき仲介に動いてくれるよう働きかけるために、大統領と同窓のハーバード大学出身である金子をアメリカに派遣するのである。

結局日露戦争は、日本軍が予想以上の戦果を挙げ、日本の勝利に終わった。将兵の士気の高さ、団結力、獅子奮迅の戦いぶりなど、ある意味で精神力や努力の成果といってもよい。だが、ありとあらゆる手段を講じたうえで全力を尽くすのは、単純な精神論や努力万能論とは違う。合理的な土台の上での精神論や努力だったからこそ実を結んだのである。

失敗のパターン４：異論の排除と意見の画一化

集団極性化

人間の組織には、異論を排除しようとする傾向が備わっている。

人はそもそも、周囲の意見と違うことを言い出しにくい。アビリーンのパラドックスの事例で、本当はアビリーンになど行きたくないのに、誰も反対意見を表明しなかったことを思い起こしてほしい。それに加えて、集団をまとめる立場から、異論を排除することによって団結を高めようという誘因も働く。

そのように異論を排除して意見の統一を図ろうとすると、組織の意思決定が一方向に偏った極端なものになりやすいとされる。ときに非常に危険な意思決定を行ったり、あるいは慎重にすぎる結論が導かれたりしてしまう。これが集団極性化と呼ばれるものだ。

集団思考の研究で知られる社会心理学者のアービング・ジャニスは、その典型的な事例として、ケネディ政権時代に行われたピッグス湾事件を挙げている。

選りすぐりの優秀なスタッフによって作られたはずのこのキューバ侵攻作戦は、いざふたを開けてみると、あまりにも無謀で、リスク要因を軽視したものだったことが明らかとなり、ものの見事に失敗に終わった。最終的な意思決定者となったケネディ自身が、「なぜあんな決定を下したのかわからない」と後に語っているほどである。その背後には、意見の統一を図ろうとするあまり、集団極性化が生じていたと考えられている。

このように、組織における異論の排除は、不確実性に起因する予想外のデキゴトへの対処を誤らせる大きな要因となるものだ。不確実性とは予期しないデキゴトが起きることであり、ときに悪いデキゴトが連鎖して起きる。組織の考え方が一方向に傾いていると、それとは違う方向に事態が推移したときに、柔軟な対応能力が奪われてしまう。

サブプライムローン・バブルとその崩壊の過程におけるリーマンブラザーズの対応がまさにそれだった。リーマンは、バブル期に収益拡大のために積極的にリスクをとっており、危機が生じるまでは業績を急拡大させていた。やがて、バブルに崩壊の兆しが見え始めても、リーマンはその積極的な路線を修正することができなかった。リスクをとりすぎていることに警鐘を鳴らす社内の声がなかったわけではない。だが、経営陣はそうした声を封殺し、リスクをとることに慎重な社員を辞めさせることまでしたのである。

実際にバブルが崩壊して、保有する証券の価値が大きく下がってしまったときも、自分たちに都合のいい価格でそれを評価し、損失の計上を先送りにした。そのことを問題視する社内外の声も、結局は無視されるだけだった。

そして、リーマンがいかに健全であるかを主張し、リーマン株を狙い撃ちにする空売り投資家に非難の矛先を向けることに終始したのである。しかし、そうした対応は危機を防ぐことには役に立たず、結局リーマンは破たんを迎えることになった。異論を排除することで偏った見方に囚われ、それが組織の危機対応力を奪ってしまったといえる。

異なる視点の重要性

リーマンが破滅へと向かうその同じ時期に、ウォール街最強といわれるゴールドマン・サックスがどのような対応をしていたかをみれば、不測の事態に対する対処法とはいかなるものなのかがみえてくるだろう。

サブプライムローン・バブルに変調の兆しが見え始めた比較的早い時期に、ゴールドマンはサブプライムローン関連の証券化商品が値下がりすると利益が出るようなヘッジ取引を大量に結んだ。実際にバブルが崩壊すると、サブプライムローン関連ビジネスでは損失が発生したものの、このヘッジ取引のおかげで、損失を相殺して余りあるほどの利益を手にすることができたのである。
もちろん、たまたま運が良かったという側面もあるだろうが、ゴールドマンの社内では、まだ表面化していないリスクに警鐘を鳴らすことも、そのリスクをヘッジするための取引を行うことも自由にできるカルチャーが育まれていたということはいえるはずだ。

このヘッジ取引のおかげで、ゴールドマンはサブプライムローン・バブルの崩壊から大きな痛手を受けることがなかったわけだが、それでも経営陣は安心などしなかった。予想外の環境悪化によって苦境に立たされるかもしれないと警戒し、そのときにゴールドマンがとりえる戦略上のオプションをさまざまな角度から議論していたのだ。[※13]
実際にリーマンが破たんすると、市場は理不尽に荒れ狂い、盤石だったはずのゴールドマンさえも、その荒波に飲み込まれそうになった。それでも、その苦境を切り抜けることができたのには、平時から悪いデキゴトの連鎖に対する警戒を怠らず、さまざまな選択肢をあらかじめ頭に入れておいたことが大きな役割を果たしたと考えられるのである。

ちなみに、1990年代のクリントン政権時代に財務長官を務めたロバート・ルービンは、前にも触れたとおりこのゴールドマンの出身である。同じ時期に米国の中央銀行であるFRB（連邦準備銀行）の議長だったアラン・グリーンスパンは、ルービンの議論の進め方に大変な感銘を受けたという。ルービンは、議論が一方向に傾き始めると、逆の方向からみた意見や疑問をぶつけ、性急に結論が導かれるのを防いでいたのだ。一面的な見方に囚われず、多角的に議論を進めるというやり方は、ゴールドマンに強く根付いたものなのかもしれない。

似たような事例は時代を超えてみられる。

１９３０年代にフォードを抜いてゼネラル・モーターズ（ＧＭ）を世界最大の自動車メーカーに押し上げたアルフレッド・スローンは、反対意見が付されていない議案を承認しなかったといわれる。

どんなに魅力的に見える議案でも、さまざまな角度から検討すれば必ず反対意見が生まれてくるはずである。**反対意見が付されていないということは、そうした多様な観点からの検討が十分に行われていない証**だ。

スローンにいわせれば、経営者の役割は組織内の意見の統一を図ることなどではなく、十分に検討され、その結果として反対意見が付されている議案を、最終的に責任を負って判断していくことなのだということになるだろう。

※13　アンドリュー・ロス・ソーキン著『リーマン・ショック・コンフィデンシャル』（早川書房）を参照のこと。

column

04

ピッグス湾事件とキューバ危機

本文でも触れた、集団極性化の事例として知られるピッグス湾事件の翌1962年の10月、いわゆるキューバ危機が発生した。米国の偵察機が、核弾頭を搭載可能なソ連製ミサイルがキューバに配備されつつあることを発見したのである。自国の目と鼻の先に核ミサイルが持ち込まれることは、米国としては到底受け入れられない。

ケネディ大統領は、すぐにエクスコムと呼ばれる対策委員会を設置、ここにすべての情報を集約して対応策を協議することにした。その際、各メンバーが多様な角度から自由に意見を表明できるように、細心の注意を払ったという。その場で、軍やCIA（中央情報局）は、空爆による強硬論を主張、これに対して、海上封鎖をする一方でソ連と外交交渉を続けるという選択肢も提示され、最終的に後者が選択された。

これは、不確実な状況の中での対応策として非常に教唆に富んでいる。空爆を行えば、事態はエスカレートして、下手をすると米ソの全面戦争に発展しかねない。相手の意図や戦力が正確にわからないため、予想外の反撃を受けるかもしれない。失敗が許されない一発勝負の賭けとなる。

一方の海上封鎖案は、対話の余地を残しつつ、それがうまくいかなければ次の手を考えることができるという点で柔軟性に富んだものだった。

ケネディ大統領は、軍を準戦闘態勢に置くと同時に対話の道を探った。そうした意思決定が可能となったのも、エクスコムにおける多様な観点からの議論があればこそであった。

それでも、モノゴトは思いどおりにはいかない。10月26日、後に暗黒の土曜日といわれることになる日に、海上封鎖に当たっていた米軍がソ連の潜水艦に爆雷を投下する事態が発生した。ソ連側がすぐに反撃に転じていたら、全面戦争に発展していたかもしれない。だが、この潜水艦は反撃を思いとどまった。

同日、米国の偵察機がキューバ上空で撃墜されるという事態も起きた。政府内では報復の空爆を求める声が強まる中、ケネディは感情的な反応は事態を一層悪化させるだけだと考え、もう一度ソ連と交渉することを決断する。米国が空爆に踏み切っていれば、やはり全面戦争は避けられなかったに違いない。

最終的には、この最後の米ソ交渉を受けて、翌27日にソ連がキューバからのミサイルの撤去を発表、すんでのところで最悪の事態が回避されることになったのである。

この危機に際したケネディ大統領の対応は、ピッグス湾事件での自身の失敗や、第一次世界大戦開戦時に各国の強硬姿勢が連鎖的な危機拡大を引き起こしたという教訓を踏まえた対応だったといわれていて、危機管理のひとつのお手本となっている。

だが、後もうほんの少しで戦争開始のスイッチが入れられていたかもしれないということは忘れるべきではない。米軍の攻撃を受けたソ連潜水艦が反撃するかどうかは、ケネディには制御できないものだった。最悪の事態を免れたのは幸運のおかげでもあったのだ。

それでも、ケネディが最初から空爆を選択したり、ソ連に対して感情的な対応をしていたら、危機を回避できる見込みはほとんどなくなっていたとはいえるだろう。

このような事態では、相手側がどう出てくるかわからないという意味での不確実性の他に、気が高ぶっている前線部隊による偶発的な衝突（前記の例でいうと米国側の相手潜水艦への攻撃や、ソ連側の米偵察機への攻撃がそれに当たる）が、事態を決定的に悪化させてしまうかもしれないという不確実性もある。そうした中で危機を回避するには、感情的な反応を抑え、できるだけ選択肢を用意し柔軟に対応していくしかないのである。

第5章

人生を長期的成功へと導く思考法

予測に頼らないという新しい考え方

予測は外れて当たり前

本書の中でも何度か触れてきたが、人は、不確実な未来に対して、それをできるだけ精緻に予測することで対処しようと考えることが多い。

投資家は専門家の予測を聞きたがり、未来予測に関する本は売れ、将来のトレンドを語るセミナーには黒山の人だかりができる。また年末年始には、新聞や雑誌で必ずといっていいほどに、新しい年がどのようなものになるかを予測する特集記事が至るところに掲載される。それらはすべて、不確実な未来を少しでも見通したいという願望の表れだ。それでも、予測は当てにならず、予想外のデキゴトは必ず起きる。

すこし具体的な事例をみてみよう。

リーマンショックのあった2008年、日経平均株価は1万5155円で取引が始まった。新聞や雑誌に載った複数の専門家による年頭の予測では、年内の日経平均株価の下限が1万2000円、上限が1万9000円あたりという感じだった。実際には、日経平均株価は一時8500円台にまで急落し、年末の取引を8859円で終えている。

アベノミクスがもてはやされて久々の株価大幅上昇がもたらされた2013年には、日経平均株価は1万0604円でスタートしている。やはり年頭の予測では、8500〜1万3500円程度の範囲が示されていたが、実際には1万6291円まで上昇した。

大きな価格下落も、大きな価格上昇も、どちらも事前にはまったく予測できていなかったのだ。これらの予測は限られた数の専門家の予測だが、ほとんどの人はこうした専門家の予測を参考にして予測を立てると思われるので、つまりは大半の人が予測に失敗したことだろうと推測される。株価の予測に限らず、たいていの予測というものは、そんなものなのである。

さらに、**多くの人が納得しやすい、つまりコンセンサスが得やすい予測はとりわけ外れやすい**。これは、大勢の人が予測していたのとは違うことが起きたときに、予測を外したその大勢が慌てふためいてパニックを起こすことでその動きが増幅され、ますます予測と違う結果が招き寄せられてしまうからである。

たとえば、「株価は上昇しない」と大勢が予測していたときに力強い株価上昇が始まると、それを予測できなかった人たちが慌てて買いに走るため、株価上昇に一層弾みがついてしまう。その一方で、大勢が予測していたとおりのことが起きたときには、慌てふためく人も少なく、パニックによるその手の大きなうねりは発生しない。つまり、**モノゴトはコンセンサスとは違う方向にこそ大きく動く性質を持っている**のだ。だが、人は一人だけ周囲と違う意見を持つことを嫌うため、どうしても大勢の人が支持している予測に頼りたくなる。その結果、予測はますます当たらなくなる。

そうしたことにもかかわらず、投資家は大きな相場変動を予測できなかったことを毎回悔やみ、企業内では大きな環境の変化に直面するたびに「なぜこんなに重要なデキゴトを予測できなかったんだ」という叱責の声が飛び交うことになる。

人はなぜ同じ過ちを毎回繰り返してしまうのだろう。予測はいつも外れているのに、なぜ次の予測は当てられるはずだと思うのか。投資の世界で長年にわたって成功を収めてきた投資家たちだって、実際にはたいして予測が的中しているわけではない。それでも彼らが投資で成功しているのは、なぜなのだろうか。

ここまで不確実性の本質を学んできた読者なら、不確実性がなぜ予測できないかについても理解していることだろう。

結局のところ、ランダム性に起因するものであっても、フィードバックに起因するものであっても、不確実性について正確に予測することなどできない。だから、予測が当たらないこと自体が間違いなのではない。それは、当たり前に起きることだ。カリスマといわれる人でも、真の専門家として鍛錬を積んだ人でも、同じことである。

あらためて強調するが、予測が当たらないことが問題なのではなく、**予測できないことに予測することで対処しようという考え方がそもそも間違っていると考えるべき**なのだ。

これは、もちろん、予測をするなという意味ではない。次に何が起きるのかを予測しなければ何も始めることはできない。

投資家は、次の相場変動のイメージを思い描くことで初めて投資行動に移ることができる。

企業は、ビジネスをめぐる次の新しい潮流を予測することで初めて、新しい製品やサービスの開発に取り組むことができる。

だが、不確実な未来における予測は、単なる仮説にしかすぎないということをまず理解する必要がある。予測が仮説にすぎないとしたら、これには必ず複数のシナリオがありうるはずだ。もちろんその中には、自分にとって決して都合の良くないシナリオもあるはずである。

さらにいえば、そもそも完璧な予測というものは存在しえない。どんなに精緻な予測を心がけたところで、結局は予想外のデキゴトは起きるからである。**すべての予測は、そうした不完全な仮説のひとつにすぎない。**たとえそれらしく聞こえたとしても、聞き心地のいい特定の予測に頼ってしまうべきではない。

ただ、「予測に頼ってはいけない」という言葉を、まだ起きていない大きな変化や危機について思いを巡らせることも不要なのだ、というふうには受け取らないでほしい。不確実性のせいで何が起きるかはわからないのだから、今この瞬間にも何か大きな変化が起きつつあるかもしれず、新しい危機の芽が育っているかもしれない。

わずかな兆しをもとに、それが予想外の大きな動きにつながるかもしれないとさまざまなシナリオを思い描き続けることこそが大切なのであり、最初に立てた特定の予測にこだわって、そのような作業を怠ることがあってはならない。これが、予測に頼ってはいけないという意味なのである。

厳密にいえば、未来には予測できる未来と予測できない未来があるわけだから、予測できる未来を見逃していたのなら、それは改善していく余地がある。だが、不確実性の存在を前提にするとき、それよりももっと大切なことは、予想外のデキゴトが起きたときに、いかに冷静に、いかに柔軟に対処できるかということだ。

私事で恐縮だが、私はトレーダーやファンドマネジャーとして15年、その後は評論家兼個人投資家として10年、相場と付き合ってきた。

かくいう私も、初めのころは多くの時間を費やして、いかに相場の行方を正確に予測できるようになるかに汲々としていた。たしかに、1年などの短期間で区切ってみたときに、自分でも驚くほどに予測が当たるような時期もある。だが、相場の先行きが読めるようになった、自分はやっと不確実性を克服したのだと自信満々になり始めると、いつも予想外のデキゴトが起きて、しかもそれをうまく切り抜けられなくなる。

正確な予測をしようと汲々とするのではなく、むしろ自分の予測が外れることを常に想定しながら、リスクをコントロールして最悪の事態を避け、たまにやってくる大きなチャンスを逃さないように心がけることを学ぶまでには、長い時間がかかった。だが、そのように考え方を切り替えることで、前よりもはるかに安定した良いトレードができるようになったのだ。

相場の世界における偉大な成功者であるルービンやジョーンズが、見込みが外れて失敗する可能性を常に意識し、慢心を戒めている本当の意味も、不確実性に向き合うことで初めて理解できるようになる。

こうした考え方は、企業経営の世界では「計画のない進歩」という概念に通じる。

明確な計画のもとで一直線に進むのではなく、環境の変化に合わせて柔軟に戦略を修正していくことで、あたかも生命が長い時間をかけて生き抜き、ついには人類にまでたどり着いたような進化と似たような進歩を実現するというものだ。

この概念を提唱しているジェームズ・コリンズとジェリー・ポラスの名著『ビジョナリー・カンパニー』では、長期間にわたって成長を続ける超優良企業には、こうした戦略の柔軟性が共通してみられるとしている。

具体的にいえば、製品やサービスの開発において、特定のものに決め打ちをするのではなく数多くのアイデアを試し、その結果として数多くの小さな失敗をし、その中からうまくいくものを大きく伸ばしていくというやり方が有効だと説かれている。※14

超優良企業（ビジョナリー・カンパニー）におけるこうした戦略や考え方は、まさに不確実性に柔軟に対処するやり方そのものといえる。特定の予測や特定の計画にこだわるのではなく、環境の変化に柔軟に対処する。でもリスクは恐れずに、数多くの小さな失敗とともに、いくつかの大きな成功を手にする。不確実性と上手に付き合い、それをうまく活用する企業が長期的な発展を遂げる超優良企業となっていくのである。

勝率に惑わされない

一回一回の勝負にこだわり、勝率を高めていくことは、成功の確率を高めると一般に考えられている。勝率で年間の優勝チームを決めるプロ野球のリーグ戦ならば、そうした考え方はとくにフィットするだろう。だが、プロ野球のリーグ戦のようなケースは、現実の世界ではむしろ特殊なものだ。

たとえば株式投資は、ある程度の期間にわたって積み上げられていった利益と損失のトータルが成功の尺度となる。「勝率」や「勝ち星の数」ではなく、「総得失点差」を競うものなのである。人生をゲームにたとえることはよくあるが、そういった意味では、人生の大半はこのような総得失点差を競うゲームであることが多いだろう。

不確実性を前提とするとき、総得失点差と勝率は、実は直接的に結びつかない。むしろ、**勝率を引き上げることで、長期的な総得失点差が犠牲になってしまうこともある。**

しかし、人は、自己正当化の欲求のせいで自分の失敗を認めることができず、一回一回

※14　その典型例として取り上げられているのが、ポストイットの開発で有名なスリーエム社である。

の勝ち負けにこだわるあまり、勝率の高いやり方こそが良いやり方だと考える。だが、そこには大きな落とし穴が待ち構えているのである。具体的な例をあげて説明しよう。

投資の世界には必勝法として知られるやり方がある。マルチンゲールといわれるものだ。ある株を買って、値下がりしてしまっても、売却して損失を確定させたりせずに、その株をどんどん買い足していく手法である。

話を単純化するために、ある株の現在の株価が1000円で、毎日必ず50円ずつ値上がりか値下がりするとしてみよう。最初に100株に投資して、翌日1050円に値上がりした場合には、そこで売却して5000円の利益を確定する。

もし株価が950円に下がってしまった場合には、その値段であらたに100株を買い増す。

一日目には5000円の評価損失が発生しているが、二日目は保有株が200株に増えているので、次の日に株価が50円上がった場合には1000円の利益が生まれることになり、一日目の評価損失を帳消しにしたうえで、通算で5000円の利益となる。そこで、すべての保有株を売却して利益を確定させる。

株価が下がり続けた場合には、図16のように、その都度保有株数が二倍になるように株を買い足していけばいい。いつか株価が上昇する日が訪れたときに、それまでに累積され

図16　マルチンゲールの投資方法と結果

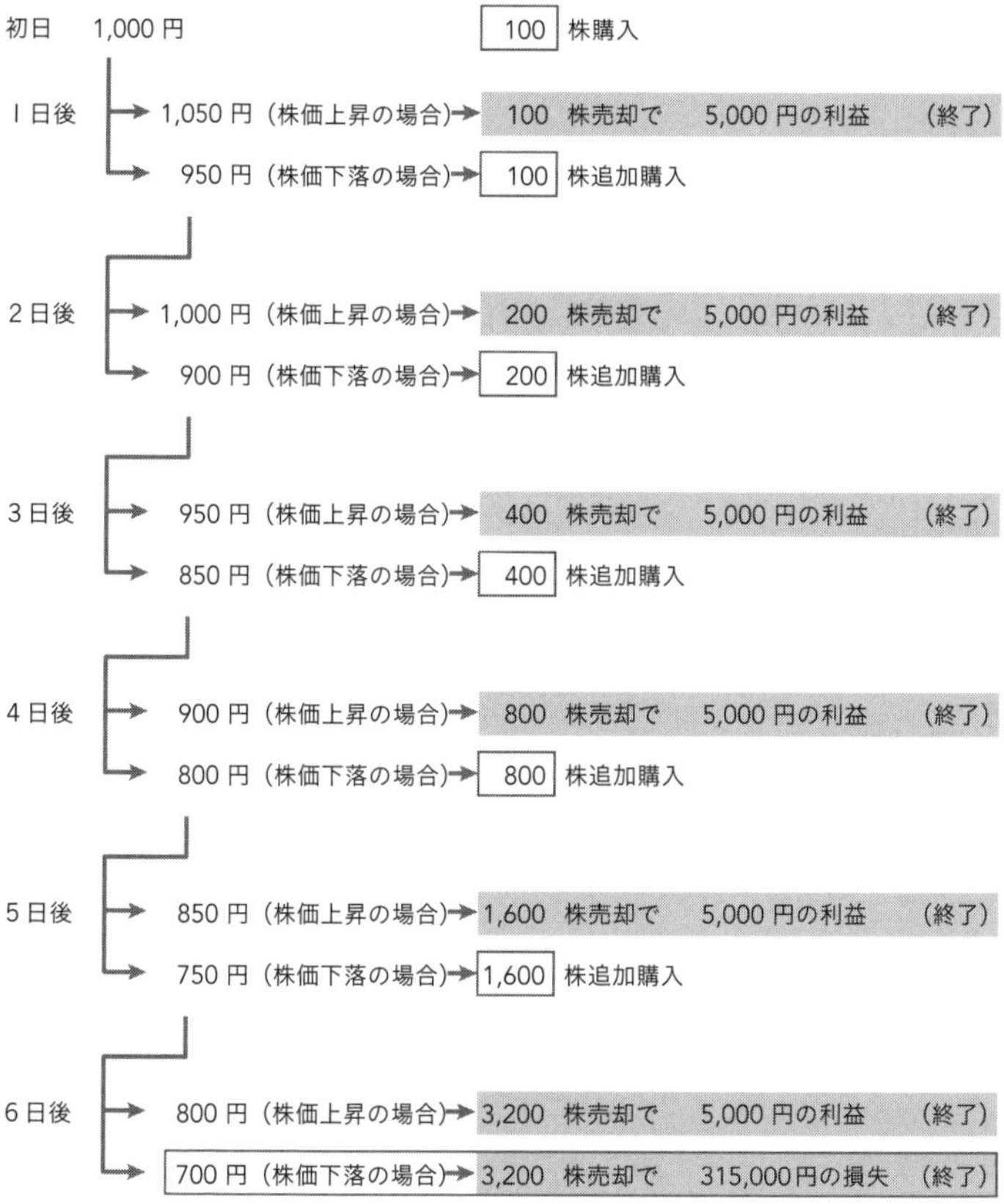

6日連続で株価が下がり、資金不足で売却を
余儀なくされたときに、大きな損失が発生する！

た評価損失が一気に解消されて、5000円の利益が確保できるようになる。

株価が永遠に下がり続けることがないとすれば、そして株を買い足す資金が永遠に続くとすれば、この手法はいつか株価が上昇する日に確実に利益をもたらしてくれる。それが、必勝法といわれる所以だ。

だが、本当にリスクはないのだろうか。

株式市場では、ごく稀に株価が何日にもわたって下がり続けることがある。そのような場合に、この手法では投入する資金量が倍々ゲームで膨らんでいくので、やがて投入できる資金が尽きて、大きな損失を抱えたまま取引を終えなければならなくなる可能性がどうしても残ってしまう。つまり、一見必勝法に見えるこの手法は、実際には必勝法でもなんでもなく、**わずかな確率で巨大な損失を被る可能性と引き換えに、わずかな利益を得る確率を引き上げているにすぎない**のだ。

この手法の損益の発生パターンのイメージを図示してみた（図17）。

たいていの場合、短期的には着実に利益を上げているように見える局面が続く。そうした状況が続けば、誰しも自分は投資の天才ではないかと思えるようになるに違いない。だが、これを長く続けていけば、いつか取り返しのつかない大きな損失を被る瞬間がやってくることになる。

図17　マルチンゲールの累積損益の推移イメージ

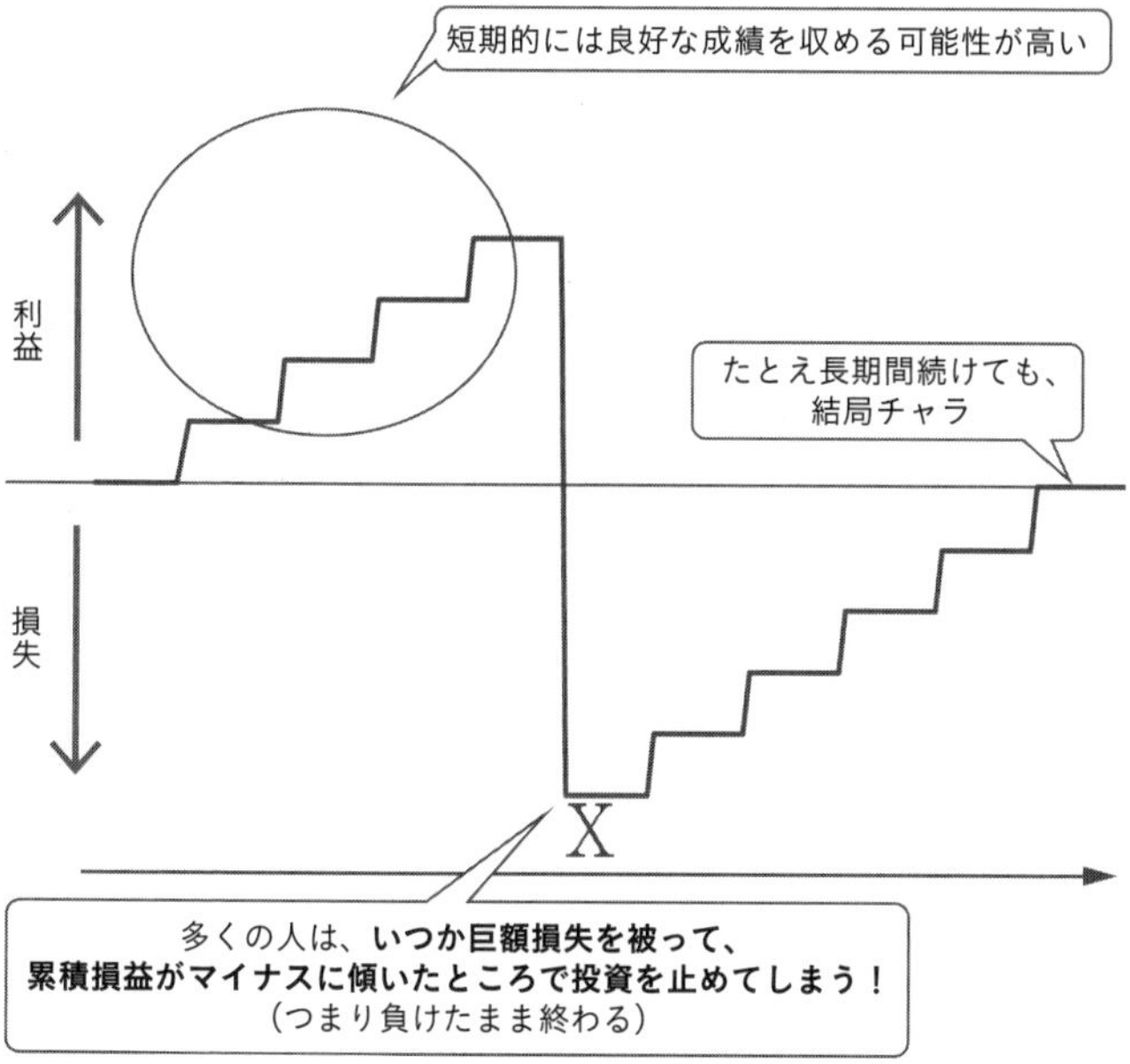

たとえば、5日連続で株価が下がっても株を買い足していけるだけの資金を用意したときのことを考えてみよう。仮に株式相場がまったくランダムに動いているとした場合、6日連続で株価が下がり続ける確率は約1・6％（二分の一の六乗）だ。つまり98・4％（100％－1・6％）の確率で5000円の利益が出て、1・6％の確率でその63倍に当たる△31万5000円の損失が出ることになる。期待利益を計算してみると、結局ゼロだ。

用意する資金量を増やして、もっと長い株価下落に耐えられるようにしたとしても、期待利益の計算結果は変わらない。つまり、ちょこちょこと勝ち続け、ごく稀に大損を出し、長い目で見ればチャラになる。変化したのは、勝率だけだ。

このように、見た目の勝率を引き上げたり、見た目のリスクを抑えたりすることは、実はちょっとしたテクニックでいくらでも簡単にできる。だが、それだけで期待値を引き上げることはできない。**リスクというものは、利益の可能性を放棄してその元を絶たない限り、見た目を変えることはできても、魔法のように消してしまうことはできない**のだ。これは、一般の人があまりよく理解していない金融理論の「大原則」である。

さらにいえば、今の話はあくまでも数学上の期待値の話にすぎない。現実的には、ほとんどの人が稀に起きる巨額損失を被った時点で投資を継続する意欲や自信を失ってしまい、損失を抱えたまま投資の世界から去ることになる可能性が高いのだ。それが、P２３３図17のX時点である。トータルの利益がマイナスのところで投資を止めてしまえば、投資家はマルチンゲールで損失を負って終わることになる。

まだ続きがある。ここで注意しなければならないのは、自己増幅的フィードバックの存在である。ランダムな動きであれば、ある日に株価が下がっても、次の日に株価が上がるか下がるかは五分五分のままだ。だが、自己増幅的フィードバックが働いていれば、ある日に株価が下がったことで、次の日も値下がりする可能性が高くなる。その結果、予想外に株価が下がり続ける事態が、思っている以上に頻繁に発生する。

つまり、６日連続で株価が下がり続けて大きな損失を被る可能性は、ランダムな変動を想定した場合の１・６％よりもおそらく高い。そのことを踏まえれば、マルチンゲールは、大きな損失を被る可能性が想像以上に高い非常に危険なやり方といえるのだ。

結局のところ、**大きな損失を被る可能性と引き換えにすれば、勝率などいくらでも操作をすることができる。だが、それは決して長期的な観点で成功をもたらすものとはならないのである。**

短期的な結果に振り回されない

正しいやり方の効果は長期的にしか現れない

不確実性への対処を考えるとき、時間軸を意識することはとても本質的で、重要なことである。**不確実性のおかげで、短期的には、間違ったやり方でも成功することがあり、また正しいやり方でもうまくいかないことがある**からだ。原因と結果が直接的に結びつかない不確実性のもとでは、正しいやり方の効果は長期的にしか現れない。

だが、人はどちらかというと、華々しい短期的な成功に注目し、称賛しがちである。その一方で、その華々しい成功を成し遂げた者が、その後も成功を続けていけるかどうかにはあまり関心を払わない。

実際には、短期的な成功の後に環境の変化によって破滅に向かった陳勝呉広のような事例は、至るところにみられる。そして人々は、成功している間はその陳勝呉広たちを神のごとく崇め、失敗すれば忘れ去って、次の陳勝呉広に関心を移す。だが、長期間にわたって成功を持続できたかどうかという「時間のテスト」を経ていないそのような成功を、そもそも成功と呼ぶことが正しいのだろうか。

相場の世界では、いつの時代でもカリスマ・トレーダーやカリスマ・ファンドマネジャーが次々と生まれてくる。華々しい短期的な成功を収める者は、必ず現れるのである。だが、時間軸を長くとって、10年、20年というタームで見れば、その中で安定した成績を残せる者はごくわずかしかいない。**カリスマ・トレーダーやカリスマ・ファンドマネジャーの多くは、「時間のテスト」に合格できない**のだ。

企業の盛衰にも似たところがある。たとえば一年間という短期の時間軸で見た場合、その期間で時価総額をすさまじい勢いで大きく伸ばす企業は、常に現れる。だが、そうした企業が長年にわたって安定した成長を遂げるかどうかは別問題だ。もっと長い時間軸で時価総額を伸ばした企業リストを作れば、毎年顔触れが大きく変わる一年ごとの時価総額伸び率上位企業とは必ずしも一致しない企業群が姿を表す(図18)。こうした企業こそ、長期間にわたって継続して成功を収めてきた企業といえる。

短期的な成功は、大胆な行動から生まれる。大胆に行動し、それが運良くはまれば大き

図18　長期的な成長企業

バブル期からの時価総額の増加率

		1989年12月29日からの増（倍）	2015年5月26日の時価総額（億円）
1	日本電産	26.3	26,545
2	ヒューリック	24.9	8,498
3	キーエンス	14.4	39,697
4	ユニチャーム	12.6	16,967
5	村田製	10.0	44,534
6	久光薬	8.2	4,824
7	参天薬	8.2	7,566
8	シマノ	7.7	16,179
9	トヨタ紡績	6.8	3,625
10	富士重	6.5	35,185
11	エアウォータ	6.4	4,550
12	ＳＭＣ	6.3	24,546
13	オリックス	6.3	25,778
14	しまむら	6.2	4,846
15	日医工	6.2	1,736
16	スズキ	6.0	23,765
17	HOYA	5.8	20,039
18	信越化	5.7	32,762
19	三菱Ｕリース	5.7	5,751
20	日東電	5.3	16,420

日経新聞より
注1：東証1部上場（銀行・証券・保険を除く）で、1989年12月29日の時価総額と比較できる1268社が対象
注2：時価総額の増加にはM&Aによる増加も含まれているため、既存事業の内部成長のみで実現されているものではないことに注意。

な成果が得られる。その成果が華々しいものであればあるほど、成功者はカリスマ視される。だから、そのような成功を目指すならば、できるだけ大胆に行動し、あとは運任せにすればいい。運良く自分に都合のいい方向に働く自己増幅的フィードバックが起き、それに乗ることができれば、予期しない大成功を収めることも可能となる。だが、その華々しい成功を長期間維持するのは至難の業だ。そのような成功をもたらした自己増幅的フィードバックは、いつか逆流するからである。

これに対して、息の長い長期的な成功はもっと別の観点からもたらされるものだ。それを次に見てみよう。

小さな失敗を許容する

短期的な成功が必ずしも長期的な成功に結びつかないのであれば、単に成功するにはどうすればいいかを問うだけではなく、「長期的に成功するには何が必要か」という問いかけがなされなければならない。

時間軸が長くなればなるほど、予期できないとても大きな変化が起きる可能性は高くなっていく。そうした長い時間軸の中で持続的な成功を得るために第一に必要となるのは、たとえ予想外の悪いデキゴトが起きたとしても、二度と立ち直れなくなるような破滅的な損害を何としても避けることだ。

そのためには、何らかの予測、つまりひとつの仮説に基づいて始めたことがうまくいかないときには、すぐに予測の見直しを行い、必要に応じて今行っていることを取りやめたり、別の方法に変えたりしなければならない。もしそれが、短期的な成果に結びつかないものであっても、あるいは勝率を引き下げることになったとしても、失敗が大きく致命的なものになる前に、事態を自力でコントロールできるうちに、失敗を認めて出直す必要がある。つまり、**大きな失敗を避けるためには、小さな失敗を許容しなくてはならない。**


多くの投資のプロは、ひとつの投資判断がうまくいかなかったならば、大きな損失を被らないように損失を早めに確定させて、傷口を広げないようにすることが投資の鉄則であると説いている。もちろん、私もまったく同感だ。

ところが、ここから先はプロがあまり教えてくれない部分なのだが、**損失を早期に確定させることを心がけると、実際には勝率が否応なしに下がってしまう**のである。したがって、さまざまな投資の教科書で早期の損失確定の重要性がいくら説かれていても、一回一回の勝ち負けにこだわる人は、この鉄則をなかなか守ることができない。そして、いつの日か予期しない大きな損失を出してしまって、投資の世界から退場を余儀なくされるのである。

だから、損失を早期に確定させることを徹底しようと思えば、必然的に勝率の低下を甘受しなければならない。致命的な失敗を避けるためには、数多くの小さな失敗を受け入れる必要があるのだ。私は、この点こそが、長期間にわたって投資を続けて大きな成果を残せる人と、そうはならない人を隔てる決定的な分かれ道だと思う。

勝率へのこだわりを捨てて、数多くの小さな失敗を許容することによって、致命傷を負うことなく、やがて大きなチャンスが巡ってくるのを待つことができる。大きなチャンスとは、自分にとって良い方向に自己増幅的フィードバックが働く局面だ。もちろん、それがいつ、どのくらいの大きさでもたらされるかはわからない。だが、その予期せざる大きなチャンスを存分に活かせるかどうかが、次の関門となる。

良いことの連鎖が続いたときに、決して警戒を怠ることなく、それでも流れる音楽に合わせて踊り続けて大きな成果を引き出すこともまた、決して容易なことではない。だが、その戦略がうまく機能した場合の損益のパターンは図19のようなイメージとなっていく。

自己増幅的フィードバックは、悪いことが連鎖して致命的な事態に至らしめようとする恐ろしい現象であると同時に、良いことが連鎖して予想をはるかに超える成果をもたらしてくれる要因ともなる。だから、悪い方向に働く自己増幅的フィードバックの負の連鎖か

図19　不確実性を前提にしたやり方

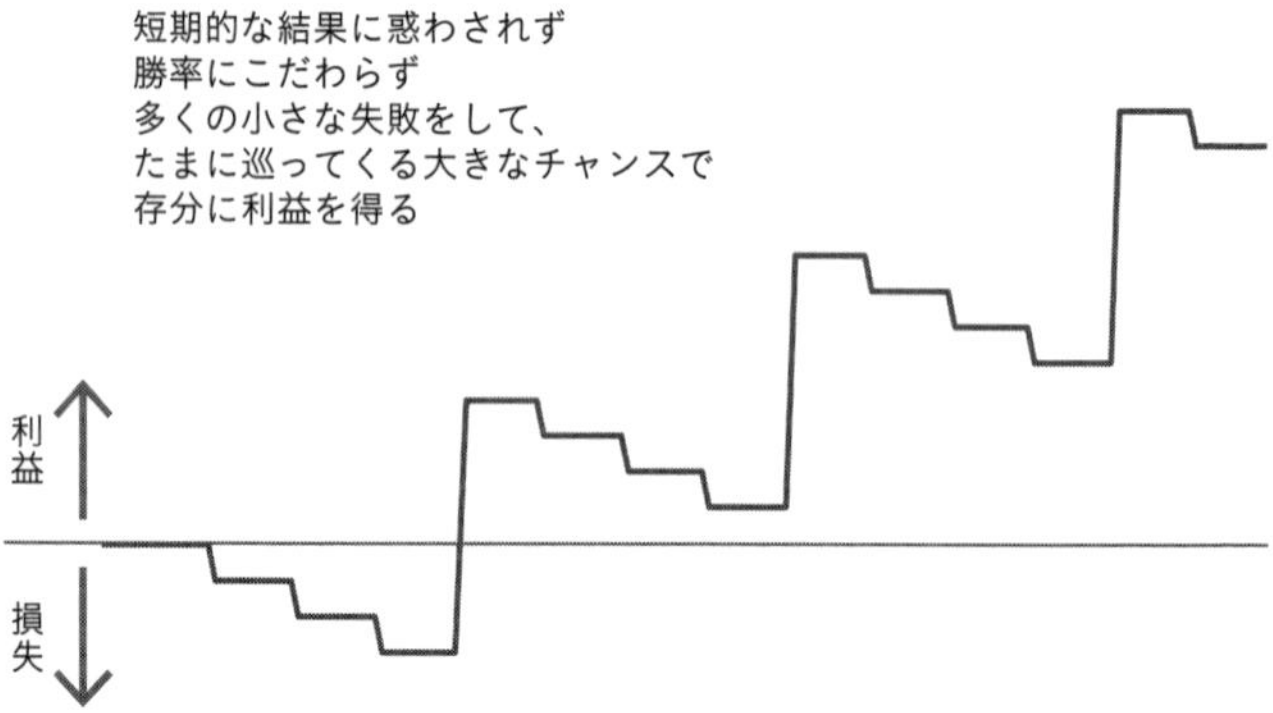

らいかに素早く抜け出し、良い方向に働く自己増幅的フィードバックからいかに大きな成果を上げられるかが、長期的な成果を左右する決定的な要因となるわけだ。

もちろん、たとえ自己増幅的フィードバックのおかげで大きな成果を上げられたとしても、それは運が良かったおかげだということをしっかりと肝に銘じ、自分の力を過信しないように注意するべきであることも付け加えておかなければならない。

こうしたやり方を、先ほどのマルチンゲール（P237の図17）と比較してみよう。マルチンゲールは、小さな失敗を受け入れず、とことん勝率にこだわるやり方だ。その結果、たいていの場合、短期的には良好な成績を収めるが、ときとして致命的ともなりかねない大きな損失が生じて、長期的成功を台無しにしてしまう可能性が高い。
それに対して、今紹介したような不確実性を前提にした思考法においては、勝率は犠牲にされ、短期的な成果には必ずしも結びつかないかもしれないが、長期的にみれば安定した良い成績を残せる可能性が高まるのである。

ここで再び、『ビジョナリー・カンパニー』の話を思い出してほしい。数多くのものを試してうまくいくものを伸ばすという超優良企業のやり方は、まさに今述べたことと同じことなのである。ここでは株式投資を例に挙げて説明したが、この思考法は株式投資に限らず、不確実な世界に対処するための普遍的な考え方といえる。

このように不確実性の存在を前提とし、長期的な成功を目標にするならば、単に目先の成功を目指すのとは戦略の立て方がおのずと異なってくる。不確実性を忌み嫌ったり、無視したりするのではなく、世界が不確実性に満ちていることを知ることの重要性は、そこにこそあるのである。

不確実性への対処に終わりはない

本書でこれまで説明してきたとおり、不確実性が現実の世界でいかに重要な役割を果たしているかを知り、また不確実性がどのような性質を持っていて、それを人がいかに誤認し、いかに対応を誤りがちであるかを理解することが、不確実性に対処する第一歩となる。だが、それはあくまでも第一歩にすぎない。

不確実性は常に予想外のデキゴトをもたらし、常に新たな壁となって目の前にそびえ立つ。いくらわかったつもりになっても、少しの気のゆるみが原因で、気づかぬうちに心理的なバイアスに囚われて、誤った反応に陥ってしまう危険性が常に付きまとう。

リーマンブラザーズを破たんへと追いやったリチャード・ファルドCEOは、無能だったから、あるいはリスクというものを理解していなかったから対応を誤ったわけではない。彼もまた、生き馬の目を抜くと評されるウォール街で成功を収め、市場の恐ろしさやリスクについて深く理解しているはずのプロ中のプロだったのだ。それでも、予期しない非常事態に遭遇して、現実を見失ってしまった。

人は、過去に起きたデキゴトを後付けの解釈でしか見ることができない。リーマンとファルドは、「強欲な愚か者」で、リーマンショックによってその当然の報いを受けたにすぎないと、どうしても捉えてしまう。だが、ここまで読み進めてきた読者なら、**不確実性が人間心理に及ぼす影響によって、それが誰の身にも起きうることだと理解できるはずだ。**

不確実性の存在とその効果については、「わかっているから、その話はもういい」というようなことは決してないのである。どんなにわかった気になったとしても、いつまでも集中力を維持できるかどうかは別の話だ。そして、少しでも気が緩んだ瞬間に「罠」にはまってしまう。

そうはいっても、本書の冒頭でも触れたとおり、リスクに過敏になりすぎるのは本末転倒である。リスクをとってチャレンジを続けることはとても大切なことだ。だが同時に、決して惰性に流されることなく、不確実性に対する感受性と柔軟性を維持して意思決定をしていくことが、個人にとっても、企業などの組織にとっても、長期的な成功に不可欠な要素となる。

今日、企業においてリスク管理が避けて通ることのできないものであることは多くの人が理解していることだろう。だが、そこにはさまざまな課題がある。一方で、杓子定規なリスク管理によって、イノベーションや適切なリスクテイクが阻害されてしまう危険性がある。他方で、リスク管理が形式的でおざなりなものになって、本当のリスクを見過ごしてしまうことも頻繁に起きる。

どちらも、リスク管理を、専門的で技術的な特殊分野だとみなしがちなことがその背景にある。専門の部署にまかせっきりにして、いつの間にかそれに誰も抗えなくなったり、逆に都合よく解釈すればいいだけの参考情報になったりするのだ。だが、リスク管理の本質は、専門的で技術的な部分にあるのではない。不確実性にいかに対処するかということこそが、その本質なのである。

そして、不確実性に備えることは、特殊な機能などでは決してない。**すべての意思決定者がわきまえておかなければならない意思決定の本質そのもの**である。

不確実性は、不確実なものであるがゆえに、完全に克服することなどできない。それでも、いたずらに忌避したり、軽視したりすれば、かえって牙をむいて襲いかかってくる。不確実性とは、何とかうまく付き合っていくしかないのだ。そして、それができたときにはじめて、長期的な成功への道が開けるのである。

参考文献

『ウォール街のランダム・ウォーカー』バートン・マルキール（日本経済新聞出版社、2011年）
『ルービン回顧録』ロバート・E・ルービン（日本経済新聞出版社、2005年）
『確率論的思考』田渕直也（日本実業出版社、2009年）
『図解でわかるランダムウォーク&行動ファイナンス理論のすべて』田渕直也（日本実業出版社、2005年）
『ファスト&スロー』ダニエル・カーネマン（早川書房、2012年）
『予想どおりに不合理』ダン・アリエリー（早川書房、2013年）
『群衆心理』ギュスターヴ・ル・ボン（講談社、1993年）
『バブルの歴史』エドワード・チャンセラー（日経BP社、2000年）
『ゴールドマン・サックス』チャールズ・エリス（日本経済新聞出版社、2010年）
『グリーンスパン』ボブ・ウッドワード（日本経済新聞出版社、2004年）
『リーマン・ショック・コンフィデンシャル』アンドリュー・ロス・ソーキン（早川書房、2010年）
『投資と金融にまつわる12の致命的な誤解について』田渕直也（ダイヤモンド社、2015年）
『マーケットの魔術師』ジャック・D・シュワッガー（パンローリング、2001年）
『ビジョナリー・カンパニー』ジェームズ・C・コリンズ、ジェリー・I・ポラス（日経BP社、1995年）
『量子力学の解釈問題』コリン・ブルース（講談社、2008年）
『量子力学で生命の謎を解く』ジム・アル＝カリーリ、ジョンジョー・マクファデン（SBクリエイティブ、2015年）
『ブラック・スワン』ナシーム・ニコラス・タレブ（ダイヤモンド社、2009年）

不確実性超入門

発行日　2016年4月10日　第1刷

Author　田渕直也

Book Design　小口翔平＋三森健太（tobufune）

Publication
株式会社ディスカヴァー・トゥエンティワン
〒102-0093　東京都千代田区平河町2-16-1 平河町森タワー11F
TEL　03-3237-8321（代表）
FAX　03-3237-8323
http://www.d21.co.jp

Publisher　干場弓子
Editor　井上慎平

Marketing Group
Staff　小田孝文　中澤泰宏　吉澤道子　井筒浩　小関勝則　千葉潤子　飯田智樹　佐藤昌幸
谷口奈緒美　山中麻吏　西川なつか　古矢薫　米山健一　原大士　郭迪　松原史与志　蛯原昇
安永智洋　鍋田匠伴　榊原僚　佐竹祐哉　廣内悠理　伊東佑真　梅本翔太　奥田千晶　田中姫菜
橋本莉奈　川島理　倉田華　牧野類　渡辺基志　庄司知世　谷中卓
Assistant Staff　俵敬子　町田加奈子　丸山香織　小林里美　井澤徳子　藤井多穂子　藤井かおり
葛目美枝子　竹内恵子　清水有基栄　川井栄子　伊藤香　阿部薫　常徳すみ　イエン・サムハマ
南かれん　鈴木洋子　松下史　永井明日佳

Operation Group
Staff　松尾幸政　田中亜紀　中村郁子　福永友紀　杉田彰子　安達情未

Productive Group
Staff　藤田浩芳　千葉正幸　原典宏　林秀樹　三谷祐一　石橋和佳　大山聡子　大竹朝子
堀部直人　林拓馬　塔下太朗　松石悠　木下智尋　鄧佩妍　李瑋玲

Proofreader　文字工房燦光
DTP　朝日メディアインターナショナル株式会社
Printing　大日本印刷株式会社

ISBN978-4-7993-1857-7